Give up
and
it will work

現役精神科医が
頑張りすぎる
あなたに伝えたい
最高の
マインドリセット

あきらめると、
うまくいく

藤野智哉
Tomoya Fujino

はじめに

あきらめる。

それは「あるがままの自分を受け入れる」ということです。

あきらめる。

それは「何かを手放す」ことです。

私がみなさんにお伝えしたいのは、あきらめることの素晴らしさです。あきらめることは、逃げることではありません。目の前にある現実を直視し、限られた自分の時間を有効に使い、人生を前向きに生きるために欠かせないマインドリセット法なのです。

精神科医とはいえ20代の私が「あきらめる」生き方をすすめると、生意気に思われる方

がいらっしゃるかもしれませんが、まずは私の境遇を説明させてください。

1991年。名古屋市で生まれた私は、3歳、4歳、5歳のときに川崎病という病にかかり、4歳のときの川崎病の後遺症で心臓に大きな障害が残りました。

川崎病は風邪のような初期症状が出ることが多く、急な発熱で救急病院に行っても見逃される事例があとをたちませんでした。

私もはじめは風邪という診断をされ、その後も不調が続いたため、精密検査を受けたところ、川崎病であることが判明しました。

そのときにもし川崎病だと診断されていたら。

現在では疾患の知名度が高まり、早めに治療すれば重い障害は残らないことが多いようですが、診断が遅れた結果、私の心臓には後遺症として13ミリのこぶがふたつ残りました。

「なんで自分が」という怒りにも似た気持ちがなかったと言ったら嘘になります。自分自身が研修医として救急当直などをした際に見逃しなく診察する難しさを実感し、仕方ないかもしれない、と考えられるようになるまで長い時間がかかりました。

4歳で発症してから大好きだったサッカーができなくなりました。冠動脈瘤は運動で心臓に負荷をかけると破裂する危険があったからです。

小さい頃はプールに入れず、長距離走もできませんでした。みんなと違うことが嫌でした。

やがて、中学生になって、長距離なんてつらいし走りたくないから「自分の病気がラッキー」だと、そう思えるようになるまで長い時間がかかりました。

私は歳を重ねるにつれ、自然と「あきらめ」の気持ちを身に付けました。

走れなければ車に乗ればいい。泳げなければ浮き輪を使えばいい。いい意味の「あきらめ」が自分の気持ちを楽にしてくれたのです。

私が医者になろうと思ったのは、やはり自らの病気があったからでしょう。中学生になった私に主治医の先生は時間をかけて説明してくれました。

薬を一生飲み続けなくてはいけないこと。どれだけ生きられるかわからないこと。

私は人生が思ったより短いことを、人より先に身をもって感じることができました。

同時に、すっと恐怖が消えたのです。それまで自分が何か大きな病気にかかっていることには気づいていましたが、その正体がわからなかったからです。何かをあきらめたその瞬間が、新しい人生の始まりだったのかもしれません。

中2で私は自分の運命と向き合いました。

小さい頃に祖父から言われた言葉があります。

「人間は持っている武器で戦うしかない」

医学部に進むことになったとき、「君のように患者さんの気持ちがわかる人こそなるべきだ」とみんなに背中を押してもらえたことも忘れられません。

医師になるまで私は1分1秒を大切に生きてきました。自分には時間がない。その思いは私を常に焦らせていました。

しかし、精神科医として働くようになり、生き急ぎすぎて息切れしてしまった人を多く見たことが私の運命を再び大きく変えました。

時間は大事だという気持ちに変わりはありません。

しかし、今は結果さえ間に合えばいいと思うようになったのです。

完璧な自分をあきらめる。

ゴールを決めて、そこに帳尻を合わせればいいんじゃないか、と。

60点取れば受かる試験で100点取ろうとして勉強してしんどくなるくらいなら、65点を目指して、ギリギリを狙えばいいじゃないですか。

僕は完璧をあきらめて、生き急ぐこともあきらめたのです。

生きていくためにはゆるくてもいい。みなさんはそれを忘れがちなのではないでしょうか。

現代のストレスフルな社会で、自由にあなたらしく生きるために必要なのは、あきらめる気持ちだったのです。肩の力を抜いて、ゆる〜くポジティブに生きてください。

あなたが人生を変える第一歩を踏み出していただけたらうれしく思います。

あきらめると、うまくいく　目次

第1章
受け入れ、受け流す技術

はじめに……3

① **あきらめる**……14
　・人はみんな違うとあきらめる
　・人に過度な期待はしない

② **いい人をやめる**……22
　・自分を愛す
　・自然体で人に甘えてみよう

③ **我慢の限界を数値化する**……30
　・人間らしく、たまにはグチでガスを抜く
　・手を抜いてもいい、とあきらめる

④ **あるがままを受け入れる**……38
　・理想の自分像を捨てる
　・「〜べき」思考を捨てると、楽になる

⑤ ストレスのもとに近づかない……46
　・思い切ってSNSをやめる
　・つらいと思ったら頑張らない

⑥ 俯瞰で見る……54
　・心の中に、別人がいると考える
　・上から上から自分を見る

⑦ ルーティンを作る……62
　・「うまくいく」と自分に言い聞かせる
　・つらくなったら「ゆるゆる」と口ずさむ

⑧ 感情のまま突っ走らない……70
　・自分自身ができることを正しく行えば結果は出る
　・自分の弱さを認める

⑨「発想の転換」を習慣化する……78

・万人に愛されるのは幻想だと知る
・心の弱さを自覚する

⑩ 考え込まない……86

・「もう少し頑張ったら」とは伝えない
・負の感情にとらわれそうになったら、好きなことに思いを巡らせる

⑪ 鈍感力を身に付ける……94

・相手の言動を深読みしない
・クヨクヨしない

⑫ 体を動かし、心の余裕を作る……102

・運動で自己肯定感を高める

第2章

自分が好きな自分になる

① 媚びない……110

② 自分を大切にする……114

③ 沈黙に慣れる……118

④ 自然体で生きる……122

⑤ 大切にされることを待たない……126

⑥ 許す……130

⑦ 悩みを書き出す……134

⑧ 最短距離を選ばない……138

⑨ 極論しない……142

⑩ やらない後悔より、やった後悔……146

⑪ 人生はなんとかなると知る……150

⑫ 感謝して生きる……154

⑬ 傾聴する……158

⑭ 目標を低く設定する……162

⑮ お金と向き合う……166

⑯ ひとりぼっちを恐れない……170

⑰ 心地よいことを求める……174

⑱ 朝一番で自分を褒める……178

⑲ 自分のなりたい方向を目指す……182

⑳ 運を呼び込む……186

おわりに……190

Give up
and
it will work

chapter ①

受け入れ、受け流す技術

(Mind reset) >>> no.001

あきらめる

「あきらめる」と聞くと、心理的抵抗を感じる方が多いのはなぜでしょう。夢を追いかけることをやめたり、途中で投げ出したりなど、マイナスなイメージで使われることが多いからでしょうか。

しかし最近広く知られるようになったことですが、仏教では「あきらめる」と「明らかにする」は同じ語源だと言われています。

私はみなさんにあきらめることを強く推奨したいと思います。「あきらめる」という言葉は、いったいどんな意味を持っているのでしょう。

あきらめる。

それはあるがままを受け入れるということです。あるいは仕事を抱えすぎて心がパンクしそうになったとします。

あなたが何か大きな失敗をしたとします。

あなたは最初に、いったい自分のどこに原因があったのかを明らかにする必要があります。

もしあなたのキャパシティーを超えてしまっていたのだったら、その事実を正面から受け入れて理解することです。

「できないことはできない」と知ることはとても大事なのです。

たとえばかけっこが遅い人に、運動会だから速く走れと言っても無理でしょう。トレーニング次第で多少の改善はするでしょうが、「走る」「ジャンプする」などの基本的な動作・運動能力は先天的な要素が大きく関係するからです。

できないものはできない。あきらめるというとすごく残酷なイメージがあるかもしれませんが、できないことはできないと認めた上で、違う方策を考えることが重要です。

覚えることが苦手なら、その場でメモをすればいいわけです。記憶することをあきらめたからこそ、次のステップに進めるのです。

chapter
\ 1 /
15　　　受け入れ、受け流す技術

人はみんな違うとあきらめる

できないことはできないと知る。それはとても大事なことです。

がっかりすることはできないとみんな嫌ですよね。期待してその結果に応えてくれないと、自分の思い通りにならないことにイライラしてしまうでしょう。

思い通りにならない。それは「自分の基準」で考えているからこそ起こる感情です。**私たちがイライラするのは、自分の都合通りにならないときです。**

会社に入ったばかりの後輩に仕事のミッションを課して、3回に1回うまくいくとします。

「1／3しか成功しない」とイライラする人がいたとしたら、それはナンセンスです。

経験が浅いのに3回に1回もできているのだから、「すごい」と褒めてあげればいいのです。

それは子育てでも同様のことがいえます。「この子は1／3しかできない子だ」と残念がるのではなく、「1／3もできる子」だと明らかにして、理解することが大事なのです。

人はそれぞれ違います。自分と同じ人間はいません。前向きにあきらめることが大事なのです。

漢字で書くと「諦める」。この「諦」という字自体には悪い意味はひとつもないそうです。

あきらめる、という言葉は余計なものを捨てるといった意味を持っていると私は感じています。

目的のためにいらないものは捨てる。自分が生きていくために目的とすることは何か。

幸せな人生を送りたいなら、どうしたら幸せになれるのか考えてください。あなたの考える幸せが「いつか南国に移住したい」だったらお金がいりますよね。つまりあなたの考える幸せな人生のために、お金が必要だということです。

そのためには、残業なしで適当に働く、という選択肢をあきらめる必要が出てくるでしょう。あきらめた瞬間に違う案が出てくるはずです。

私を例にとると、論文の締め切りが迫っているのにどうしても執筆が終わらないとします。この原稿を落としたら、学会での信用がなくなるかもしれません。私の場合は医者という本業がありますので、すぐにごはんが食べられなくなる心配はありませんが、人様に迷惑をかけたり、信頼をなくすことは極力避けたいと考えます。

そのとき、私に必要なのはあきらめることです。

時間がなくてひとりで論文を書くのが無理だとしたら、誰かに協力を仰いで、共著という形にして労力を半分に減らすのです。

それによって私ひとりの名声（と言っていいかはわかりませんが）は半分になりましたが、信用を失うという最悪の事態を回避できたわけです。

人に過度な期待はしない

世帯を持ちながら働く女性の割合は年々上昇しています。特に子育て世代は上昇率が顕著です。

もし、仕事が忙しくて家事をする時間がないとしたら、仕事を部分的に外注してみたり、お金がかかるかもしれませんが、代行業者に家事を頼んだり、ベビーシッターに頼んでガス抜きをすることが大事です。

真面目な人ほど、全て自分でこなさなければいけないという足かせに苦しんでいる気がします。

大切なのはキャパオーバーしないこと。

お金と心の健康だったら、最終的にどちらが大事か考えましょう。すべてを両立はできない。どこでもどちらかから撤退する勇気が必要なのです。

想像してください。自分の身内や子供が心のキャパオーバーで「死にたい」と言ったら、あなたはどう思うでしょうか。

きっと「生きていてくれればそれだけでいい」と思うのではないでしょうか。ということは、こんな自分でも誰かにそう思われているということなのです。

孫と祖母の関係を考えましょう。祖母は孫が産まれてきてくれただけで、健康に暮らしているだけで幸せに感じています。

「元気でいればいいよ」「偉くならなくてもいいよ」

祖母は、私がごはんをおかわりしたり、背が伸びたり、何をしても褒めてくれる、私の味方でした。

たとえば、口やかましい親だって子供に対して、最初は祖母と同じことを思っていたはずです。しかし次第に欲が出てしまい、「立派になってほしい」と思うようになるのです。

chapter
\ 1 /

19　　　　受け入れ、受け流す技術

ときには電話で話したり、親と仲良く良好な関係を構築するのはいいかもしれません。あなたが生きていることを喜んでくれる人がいると知るだけで何かをあきらめる勇気をもらえるからです。生きているだけでいい。自分に無理してまで期待に応える必要がないことに気づいてください。

あきらめとは、人に対して過度な期待はしないことも意味します。当たり前の話ですが、すべてがあなたの思うようになるわけではないということを知ってください。

先日、知人の息子さんが遺伝子検査を受けたそうです。速筋や遅筋の発達のしやすさについて、遺伝的な傾向を判定してくれるもので、その結果、筋トレをしても効果的には筋肉がつきにくい、長距離走に向いたタイプであることが判明したそうです。

つまり息子さんにいくら100メートル走の特訓をしても、大成しない可能性のほうが高いということです。

その話を知った周りの友人からは批判的な意見も浴びたそうです。でもそんなことを気にしなくていいと私は思うの可能性を狭めている」というものでした。でもそんなことを気にしなくていいと私は思うの

です。

苦手な食べ物があったら無理に食べなくてもいいんです。栄養だってほかで補えばいいんです。本人が気にしていないんだったらそれでいいじゃないですか。あきらめることで気が楽になるなら、それが一番いいんです。

---

summary

- 「できないことはできない」と知ることが大事
- あきらめるとは前向きな感情
- ただ生きているだけでいい
- 人に過度な期待をしない

chapter
\ 1 /
受け入れ、受け流す技術

21

(Mind reset) >>> no.002

いい人をやめる

私は自分のことが好きです。高校時代は毎朝30分かけて髪型をセットしていたこともあ

りますし、デパートで最上階まで行くのに、エスカレーターで12階までのすべての鏡で自分

のチェックをしていたと指摘されたこともあります。

自分の嫌いなところはどこかと考えたとき、細かいところを挙げればいくらでもあるので

しょうが、基本的には自分のすべてを肯定しています。

自分をよく見せたいという思いもあったと思います。

ただ、秋田の大学に進学してからは、「人にどう思われてもいいや」と思うようになりま

した。私は早く医者にならなくてはいけませんでしたから、自分をよく見せる、ということ

に力を注げなかったこともあると思います。ここにずっといるわけじゃない、そう思ったら気が楽になったのです。ここで知り合った友人も一生付き合うことはないかもしれない、とも心の中で思っていました。

自分は冷たい人間だと認めることは難しいことかもしれません。しかし、私はその一連の行為を大事な作業だと考えています。

私たち医師は患者さんの死をずっと引きずることはできません。私たちの仕事は亡くなった方を悼むことではなく、目の前にいる患者さんを治すことだからです。ただ、患者さんの死を長く引きずらないためには、自分が冷たいなと思うことはあります。

きっと冷たくならないと務まらないのです。自分のプライベートの時間を確保しなくては自分自身がパンクをしてしまうからです。

付き合っている女性がいたときにも、嫌なら別れたらいいじゃないかという気持ちになって、ケンカになったことがあります。デリカシーがないとは思うのですが、自然体だから自分の心は健康でいられるのだと思ったのです。

chapter
\ 1 /
受け入れ、受け流す技術

23

なんとなく相手に合わせていることでそれが澱のように積み重なって、自分自身を苦しめることだってあるのです。

自分を愛す

ところで、「いい人」ってなんでしょう。わかりやすく言うと、万人に好かれるように行動する人でしょうか。その意味で言うと、**「いい人」とは実は他者の評価でしかない**、ということにあなたは気づいているでしょうか。

自分がいい人でいたいという欲求にはなんの意味もないとしたら。

私は常々、自分にとって心地いい状況だったら他者にどう思われてもいいと思って生きています。心臓に障害を抱えていて、いつ破裂して死んでもおかしくない自分が、自分本位で生きてもいいじゃないか、と決めているのです。

それは私だけの特権ではありません。みなさんも、もっと自由に自分を好きになって生きたほうが美しいと思うのです。

24

「自己愛」という言葉は悪い意味で使う傾向がありますが、自分を愛している人のほうが、他人を深く愛せると思うのですがいかがでしょう。

自分のことを好きじゃないのに、他人を好きな人がいるとします。

それはおそらく、自分の中で自分の評価が低いから、他人がよく見えているだけでしょう。

自分の評価が高ければ、他人に無条件に憧れたりはしないからです。

他人を見下したりすることもあるかもしれません。ただ、自分がほかの人より優れていると思ったら、その感情は押し殺す必要はないんです。それを表に出さなければいいんです。

芸能界には惚れ惚れするような美しい人、カッコいい人がいますが、あれだけの容姿を持っていたら、ほかの人より優越感を抱くことは仕方ないと私は思うのです。

「あいつは仕事もできないのに威張っていてバカだなあ」と思ってしまったら、その人に優しくする必要はありません。

「優しい人」というのは、嫌な相手にもついつい優しくしてしまうきらいがあります。その結果、目をつけられて面倒な仕事を振られたりする。

chapter
1

受け入れ、受け流す技術

嫌なことは嫌だと伝えてください。自分じゃなくてもいい仕事だったら、無理にやる必要はないんです。

無理を承知で頼んでくる人というのは、弱い人、都合のいい人を見つけて、押し付けようとしているだけ。あなたが断ればきっと次の人を探すはずです。

「いい人」だと思われたい欲求は当然です。

なぜなら、いい人だと思われるとみんなに愛されて、大事にされる可能性があるからです。生きやすいし、生き物にとって生存メリットがあるからでしょう。

ただし、人間はある年齢になると、みんなにいい人だと思われなくてもいいと思うようになるといいます。「八方美人」という言葉があるように、「いい人」はそのうち褒め言葉ではなくなるのです。

誰かに好かれること自体は素敵なことです。

しかし、他者からの評価を求める必要はありません。自分が自分を好きであること。その評価基準さえぶれていなければ、他者からの評価はそんなに必要ないはずなのです。

26

自然体で人に甘えてみよう

「いい人」と言われる人に共通する特徴があります。

愛想笑いが多い。積極的に発言しない。他人の意見に反論しない。誘ったら断らない。人の話をよく聞く。

これらの行為は自分をすりへらします。不満を口にすることもできず、敵もいないが味方もいなくなり、やがてストレスをためて、心が悲鳴をあげることでしょう。

私が思ういい人というのは、お人好しで都合のいい人。

そこに肯定的なニュアンスはひとつもありません。

いい人キャラの人を見るたびに「損な役回りな人だ」と寂しい気持ちになります。自分の気持ちをもっと伝えることができたら、もっと生きやすくなるのではと思うのです。

人事権がある上司がいて、その人に好かれないと出世をしないと言われているのだとしたら、手段としてある程度は追従をすればいいでしょう。

愛想が悪くて自己本位だけど仕事で結果を出す人。

とてもいい人で職場の雰囲気を和やかにしてくれるが仕事で成果を残せない人。

どちらが優秀な人材かは明らかでしょう。どんな人材が会社に必要とされているのか、考えてください。みんなにいい人でいることの労力と、メリットはあまりに釣り合わないのです。もっと自由になってください。

もうひとつ酷なことを言います。

私は「いい人はどうでもいい人」と同義とも考えています。

あなたが「いい人だね」と言われたとしたら、その評価はその人による主観的なものであって、決して絶対的なものではありません。

人の評価なんて気にしなくていいんです。たまたま社会的にうまくいっている人に、自分の人生を判断される必要はないんです。

大事なのはいい人であることをあきらめることです。

無理な仕事を振られたら「できないです」と口に出してください。高いところにあるもの
を取りたいと思ったら、子供は自然に「抱っこ」といいますよね。それくらいの自然体で人
に甘えたらいいと思うんです。

いい子じゃなくても、そっちのほうがかわいらしいじゃないですか。

（summary）

・冷たい部分をあえて作る

・自分を愛す

・他者からの評価を自分の判断基準にしない

・いい人じゃなくても、とあきらめる

chapter
\ 1 /
受け入れ、受け流す技術

我慢の限界を数値化する

Mind reset >>> no.003

もし、あなたがつらさを感じて毎日を生きているとしたら、どのように、どれくらいつらいのか、自分の心の中を見つめてください。

何がつらいのか。それが、職場や友人関係のストレスで、毎日職場に行くのがつらいと思っているのならば、適切な形で放出することが大切です。

嫌いな人がいる、苦手な人がいる。

怒りのどす黒い淀んだ空気で膨らんだ風船は、やがてあなたの心の中で膨らみ続け、破裂するでしょう。張り詰めたヴァイオリンの弦が切れるように。

では、どうしたらいいのか。

あなたは、いつでも怒っていいんです。

とはいえ、嫌なことがあったからといって、常にプリプリ怒っているようでは、あなたの周りから大切な人も離れていきます。大事なのは、「自分はここまでいったら怒りの気持ちを伝える」という明確な基準を設けることです。我慢の限界ですね。

怒りたくなったときの自分を、冷静な目で見るのが「アンガーマネジメント」の基本です。

では、ここからだったら怒っていいという基準は、どう決めればいいのでしょうか。

医学的には「機嫌がいいときだったら受け入れられる」かどうかを物差しにするという方法が一般的です。

自分が理不尽な要求をされたと感じた場合、同じオーダーをあなたが上機嫌なときにされたらどう感じるのか。

理不尽だと思っているのはあなた自身ですよね。ただし、自分にとって理不尽だとしても、相手にとって理屈は通っていることもあるかもしれません。その場合は自分の機嫌次第で許せるかどうかで判断するといいのです。

chapter
\ 1 /
受け入れ、受け流す技術

「今日残業してくれるかな」

「本当は上司のミスなんだけど、代わりに責任をとってくれないか」

前者は特に予定がなかったら「わかりました」と答えるかもしれません。「他の人にも頼んでよ」と思いつつも、それはきっとあなたにとって理不尽な要求ではないからです。

後者はいくら機嫌が良くても受けたくありませんよね。つまり、それは決して受けてはいけないオーダーですし、怒っていい事案なのです。

人間らしく、たまにはグチでガスを抜く

怒りの発散には「スタイル」があります。

大きな声で怒鳴り散らすのも怒りですが、貧乏ゆすりで怒りを伝える人もいますし、チマチマ文句を言う人もいます。

グチも怒りの一種です。文句を言ったり怒ったりすることは、自分の感情を素直に表現できているということでもあるのです。

32

実は私たちが行っているカウンセリングもそう。グチや不満を聞き出すことも大事な診療行為なのです。

つまり、第三者に対して不平不満を吐露することは悪いことではありません。

「グチは繰り返し言うことで、ネガティブなイメージを定着させてしまうので、同じグチを繰り返すのは良くない」という専門家の意見もありますが、私はガス抜きとして、心の重荷を下ろす作業だと思っていますので、グチを推奨しています。

私も仕事がつらいときにはひとりでブツブツ言いながら、気持ちをリセットすることがあります。そのほうが人間らしいと思いませんか。

ストレスをため込むのは良くないことはもちろんご理解いただけると思うのですが、ではストレスを抱えすぎるとどういうことが頭の中で起きているのか知ることも大事です。

先天的なーQの問題もあります。能力が高い人は処理できる事案でも、そうでない人は、

「わーっ」とパニックになってしまいます。

たとえるなら市販のPCが、スーパーコンピューターと同じ計算をしようとすることが問

chapter
\ 1 /
受け入れ、受け流す技術

題なのです。

小学生の頃に、逆上がりができる子とそうでない子がいましたよね。

「こうすればいいんだよ」と先生に言われ、手取り足取り指導されても、結局できないまの子がいませんでしたか？

あのときは逆上がりができる自分に優越感を抱いたものでしたが、では、その逆上がりができなかった子たちが、今現在不幸せな人生を送っているかといえば、決してそんなことはないでしょう。

できることはできるけど、できないものはできない。みんなその当たり前のことを忘れているんです。

だって、できないものはできないんですから。

たったひとつの「できる」「できない」があなたの人生を決定するわけではありません。

心にいろんな尺度と価値観を持つことから始めましょう。

手を抜いてもいい、とあきらめる

そのためには、平常時に自分の能力・スペックを認める作業が必要です。なぜ平常時か。

緊急時には冷静な判断はできないからです。

とあるメーカーの営業部で働くある女性の知人がいます。実務をバリバリこなし、上司に信頼され、重要な仕事を頼まれることが多く、職場の中心的存在として周囲からも認められています。

彼女にはふたりの子供がいます。仕事と家庭の両立は大変ですが、そろそろしんどいぞと思った時点で、ここが限界だと感じた段階で、無理をしないようにしているそうです。

たとえば会社に時短勤務を申請するなど、柔軟な対応を取り、会社に大きな迷惑をかけることを事前に防いでいます。

彼女の目的は長く働くこと。もちろん出世はしたいとも思うけれど、それよりも家のローンと、これから発生する子供の学費を稼ぐことが第一の目的だからです。

人間は大体20歳から25歳までの間に自分の限界がわかってくるものです。その間に自分

chapter
1
受け入れ、受け流す技術

でボーダーラインを作っておくことが大事なのです。まだあやふやなままであれば、今すぐ自分のキャパを見つめ直す時間を作りましょう。もちろん人間の能力は伸ばすことも可能ですので、定期的に自分の能力を確認するといいと思います。

具体的な数字にしてもいいかもしれません。「残業は週に3日まで」と決めておけば、すぐに自分で対応できるはずです。心が負荷で壊れそうになる前に、自分で防御策を作るのです。

子供の世話に負担を感じているとしたら、何を優先するのか、その順位をつけるべきです。手を抜いたっていい、とあきらめることも大事です。ベビーシッターさんを利用するのもいいでしょうし、夕食を出前にしたり、お弁当に冷凍食品を使ったっていいんです。たまにしか食べられないプロの味に、子供が喜ぶかもしれないじゃないですか。

「月に3回はシッターさんに頼んでもいい」とあきらめてしまえば、心が楽になりませんか。真面目な人ほど、抱え込みすぎる傾向があります。

まずは、自分のするべきことに優先順位をつけましょう。そうすれば自分が優先的に取

り組む順番がわかってくるからです。

大事なのは大切なことに順番をつけて整理すること。

書き出すのもいいですね。可視化するとイメージがスッキリします。

そうすればどこから手を抜いていいかわかるでしょう。あなたが何を大事に思っているか

を再確認することにもつながるはずです。

(summary)

・我慢の限界、を設定しておく

・機嫌がいいときだったら受け入れられるかどうか、が
　ボーダーライン

・自分のスペックは平常時に測っておく

・すべきことを書き出して、リスト化する

chapter
\ 1 /
受け入れ、受け流す技術

(Mind reset) >>> no.004

あるがままを受け入れる

なぜこの世に生を受けたのか、それは誰にもわかりません。もちろん私もわかりますが、障害を抱えながらもなんとか生きているからには、きっと何か意味があるのでしょうね。

障害を抱えていることを、悩んだ時期もありました。ただ、ありきたりな言葉かもしれませんが、**神様がこのハンデを与えたことにきっと意味があるのだろう**、そう思えるようになったのが、大きかったのかもしれません。

神様が与えた試練。そう考えると、目の前にある困難に果敢にアタックして、その大きな壁を乗り越えることをゴールだと考える人がいるかもしれません。

ただ、目の前に壁が現れたときに「この壁をどうやって乗り越えるべきか」という思い込

み自体を見直してもいいのでは、と私は思うのです。

乗り越える壁かどうかを判断するのはあなたです。

もし、その壁があまりに巨大で困難に見えたら、迂回してもいいでしょう。その壁の登り方を愚直に考える、まずその思考法を捨ててみてはどうでしょう。

旅行へ出かける際に、高速道路が混んでいたとします。連休を控えた高速道路では長い渋滞が発生し、目的地まで何時間かかるか見当もつきません。

そんなときは高速道路を降りて、下の一般道で行くという選択肢もありますね。時間はかかるでしょうが、渋滞でずっとイライラするよりは、よっぽど健康的なドライブが楽しめると思うのです。トイレに行きたくなったとしても、コンビニなどが見つかるでしょう。

無理だったらあきらめるという選択肢も視野に入れましょう。

渋滞で混んでいることはどうにもならない。自分ではどうにもならないことがあると知るのも大切なことです。渋滞の時期に旅行を選んだのは自分である。だったら渋滞は避けられない。ならば好きな音楽を用意して歌ってみたり、渋滞の時間を楽しく過ごすことに心を砕いてもいいでしょう。

chapter
＼ 1 ／

受け入れ、受け流す技術

理想の自分像を捨てる

天命と言いますが、神様が決めた運命は、気まぐれで私たちにはどうにも変えられません。

楽しみにしていた旅行が雨だったとしたら気分は落ち込みますよね。でも、自分ではどうしようもできないものがある、そう知ることにも意味があります。

「こんなに楽しみにしていたのになんで雨なんだ！」そう悔しがっても、天気は変わりません。自分の心がけや意志、思いだけではどうにもならないことがあると知るのも大事なのです。

ただ、その後の運命は自分で変えることができます。

雨だった、仕方がないなと思って、そこからどう楽しく過ごすかは、その人の心の持ちようにかかっているのですから。

あるがままの自分、あるいはあるがままの状況を受け入れることで、自己否定しがちな性格をポジティブに変化させる治療があります。

医学的には森田療法としてよく知られる治療法は、理想の自分になりたいという強迫観念を捨てるところから始まります。

人は居心地が悪い状態が続くと、そのことにばかり意識が向きがちで、視野が狭くなります。この状況からなんとか脱却したい。そこにばかり気がいってしまい、さらに視野が狭窄して悪循環となるのです。

より良い自分になることを目指すのは立派ですが、理想の自分をイメージすることは実は悪手なのです。「自分はこうありたい」「そのためにはこうあるべきだ」……これを「べき思考」と呼びます。

理想の自分がいて、現実とのギャップがある。それがどうしても我慢できない、認められない。

その結果が、自己否定につながるのです。まずは、「べき思考」をあきらめることが大事なのです。理想ではなく現実の自分に満足しましょう。

たとえば自分の性格があまり好きになれないとしても、自分のどこが嫌なのかを把握しつつ、まずはそれを受け入れることから始めてほしいのです。

chapter
\ 1 /
受け入れ、受け流す技術

「〜べき」思考を捨てると、楽になる

怒りっぽい自分がいたとします。怒りっぽいなら、怒っている自分を受け入れる。「社会人はどんなときも泰然としているべきだ」という考えを捨てることから始めてください。

怒りっぽい自分がいるという現実をまずは受け入れ、次にそんな自分を受け入れてください。

しょうがないんです、怒りっぽいんだから。今すぐあきらめましょう。

変えたいという衝動＝自己否定。でも、そういう自分もいるんだと認めて愛してください。

あるがままを受け入れ肯定するのです。

自分を認めるとどうなるか。怒る自分がいやだったら、ほかで補完するのです。

怒りっぽい性格が治らないなら、怒り方を変えてください。

怒りっぽいけど、我慢するのはもっと良くないし、きちんと発散できているほうがいいでしょう。

だったら怒り方を変えるのです。１回ガツンと怒ったらあとは絶対に引きずらないと決め

るのです。

大事なのは怒りを上手にコントロールして、持続して怒らない。相手の人格を攻撃しないこと。

たとえば会社で輝きたいという理想があるとします。

輝きたい、けれど、輝けない。だったら、その状況を受け入れ、社会人は仕事で評価されるべきだという、思考から逃げるのです。

会社が自分を評価してくれないなら、他の時間を充実させればいいじゃないですか。習い事に力を入れたり、家庭菜園に凝ってみたり。自分の輝ける場所はいくらでもありますし、いろいろな手段があるでしょう。

現在は昔と比べ選択肢が増えました。小学生のなりたい職業にユーチューバーがランクインするように、大学を出てきちんと就職をして結婚して一生同じ会社で働く、という固定観念はもう古いのです。

社会人でも、きちっとしすぎなくてもいいじゃないですか。私は髪の長い自分が好きです。

chapter
\ 1 /
43　　　　受け入れ、受け流す技術

医者はこうあるべき、という指摘もあったりしますが、気になりません。今年の夏は暑さに負けて切ってしまいましたが、また伸ばしています。最短距離で進路を進む必要だって、ないのかもしれません。30歳を超えてから医者を目指す医学部の同期もいましたし、回り道をしている人は人生を楽しんでいて、なんて魅力的なんだろうと思ったものです。

あなたが太っていて、その太っていることがコンプレックスだとします。早起きしてジョギングすると決めたのに1週間で断念してしまった。だったら、自分は毎日はジョギングをできない、と受け入れましょう。もっと継続しやすいウォーキングに切り替えてもいいですね。通勤中、駅の階段は全て1段抜かしで上ってもいいかもしれません。

自分に怠けグセがあるとしたら、一念発起してパーソナルトレーニングに通ってもいいでしょう。いつかやる、いつかやる、と言い続けても、人はなかなか行動に移しません。ダイエットはその最たるものではないでしょうか。

怠けグセがあるという自分の性格を受け入れられれば、断食道場に通って強制的に痩せるという選択肢も浮上するでしょう。

自分の中に「〜べき」が多い人ほど生きづらいと思いませんか。

あるがままを受け入れる。そうすれば人生はもっと楽になると思うんです。

（ summary ）

- 壁は乗り越えなくてもいい

- 理想の自分像を思い浮かべるのは、悪手

- 怒るなら、引きずらない

chapter
\ 1 /
受け入れ、受け流す技術

(Mind reset) >>> No.005

ストレスのもとに近づかない

ストレスを感じる人が近くにいる場合は、そのストレスのもとから今すぐに離れてください。今すぐにです。

ストレスのもとである、とあなたが感じる人は、エネルギーを持っています。異常な熱量を持っています。それらはあなたにとっては必要のない負のエネルギー。

エネルギーを持っている人は、良くも悪くも周囲を巻き込む力を持っています。じっとしているとあなたはその炎に焼かれてしまうでしょう。今すぐその熱源から遠ざかりましょう。

どれだけ熱い炎でも、その熱さを感じるのはあなた自身。そこから離れれば、物理的に「熱い」「痛い」「つらい」とは感じません。

46

炎が目に入るだけでストレスになるなら、見えないところまで離れて、距離を置きましょう。理不尽な相手というのは相手を見て要求をしてきます。弱い相手を見つけることが得意なのです。

あなたはそういった相手に対して、最初は戸惑い、やがて怒りを覚えるでしょう。

「烈火のごとく怒る」という言葉があるように、怒りというのは「火」にたとえられます。

火はすべてを焼き尽くすでしょう。相手の負のエネルギーはあなたの心をずたずたにして、さらに怒りの炎は何もかもを焼き尽くしてしまいます。

あなたが苦手な相手のことばかり考えていると、あなたの心の優しい場所が相手の負のエネルギーによって焼き尽くされてしまうことになるのです。

「適応障害」という病気を例にとると、心に過度のストレスがかかり、自分のキャパシティーで処理できないことで発症することがあります。

みんなができてもあなたはできない。それはおかしなことではありません。だって、できないものはできないんですから。人にはそれぞれ自分のキャパシティーがあるのです。でき

chapter
\ 1 /
受け入れ、受け流す技術

る人が多いかもしれないけど、自分はできない。それはある意味自然のことなのです。

思い切ってSNSをやめる

人間の脳はひとつのことに集中してしまうと、他のことが処理できなくなってしまいます。

おいしいと評判のレストランで料理を楽しんでいたとします。だけど店員の態度が少しだけ気に障りました。すると、そのあとは店員に対するサービスの悪さや振る舞いばかりが気になって、とたんに料理がまずく感じてしまいます。料理の味は変わらないはずなのに。

嫌なこと、腹が立つことばかり考えていると、あなたの心はどんどん貧しくなっていきます。心に爆弾を持っているとしたら、どうにか処理しようとするのではなく、置いて逃げればいい。それができれば楽になります。

離れて考えることをやめたら処理する必要がなくなります。離れていれば、物理的に嫌なことを考える時間も減っていきます。

たとえば過労で抑うつ症状に苦しんでいた人が、田舎で農業をすると症状が改善するの

と同じこと。環境を変えるのはとてもいいことなんです。

職場にストレスの要因があるのだとしたら、それを取り除き、距離をおいてください。職場では休暇を取ったり、異動願いを出してもいいでしょう。

復帰しなければいけないのなら、会社の担当部署に現状をつまびらかに訴えて、相手が2度と近寄ってこないように努力することも大事です。

ストレスのもとが向こうから来る場合は迷わず逃げてください。仕事で付き合うのはここまで、と明確に線引きして相手の侵入をブロックします。

まずはその相手との距離を決めるといいでしょう。

会社だったら必要以上にコンタクトを取らないこと。メール、LINEでストレスを与えてくる人だったら既読スルーしてもいいし、読むのがストレスだったら、ブロックしてもいいでしょう。

LINEグループだったら脱退すればいいのです。SNSやスマホはもはや現代の日常生活に欠かせないツール。必然的に目に入ってきますし、そこからかかるストレスは甚大です。

脱退することで、仲間外れにされるのではというおそれもあるでしょうが、ストレスに接

chapter
＼1／
受け入れ、受け流す技術

して心を不健康にするよりはましだとあきらめてください。

LINEアプリのアイコンが目に入るだけで嫌な汗をかくようなトラウマになっているなら、アイコンを目立たない場所に移動して目に入らないようにしたり、アプリを削除してもいいでしょう。この時代、どんな方法でも友達とつながることはできるはずです。

つらいと思ったら頑張らない

ストレスが溜まっているときは感覚が過敏になっています。閾値が下がっているため、普段なら雑音と感じないものを雑音と感じたり、街の雑踏の音や食器のカチャカチャという音が気になったりします。つまり感覚が鋭敏になっているのです。

神経が張り詰めているということは、普段なら感じないような痛みも感じやすくなります。そればかり考えて気になるようになり、悪いほう悪いほうに考えてしまう。

あなたの心は高性能のレーダーのようなもの。拾わなくてもいい情報まで拾って、それを処理しようとしているのです。

50

平常時は必要ではないと思った時点でその情報を切り捨てています。しかし、非常時の張り詰めた精神状態では、すべてに意味があると考えてしまい、気になったことを、すべて悪いほうにひもづけて考えてしまう。

上司の何気ない一言が意味あるものに思えてしまうこともあるでしょう。

でも、それを考え込んでも意味がないんです。あなたの周りで悪口を言っているような気がしたら、距離を置いてみればいいんです。

周囲にはそれくらい我慢しなさいという人もいるでしょう。親など少し上の世代の人たちは、「もう少し頑張ってみたら」というかもしれません。

でも、本人がつらいというならつらいんです。なまけグセでは決してないし、甘えではありません。

私は医者ですから、「つらいです」という自己申告に対して、「いえ、あなたはつらくないですよ」とは言えません。

自分でも気がつかないうちにストレス行動に出ていることもあります。眠れなくなったり、気分が沈んだりするのはその顕著な行動のひとつです。

chapter
\ 1 /
受け入れ、受け流す技術

繰り返しますが、逃げたり、環境を変えることが何よりも大事なのです。前向きにあきらめましょう。

学生時代には夏休みがありましたが、社会人になったら基本的には一年を通して働かなくてはいけないと誰もが考えています。艱難辛苦を乗り越えてこそ花は咲くという思い込みがあなたを苦しめているのかもしれません。

仕事がつらくても、我慢しなければいけない。そう思い込んでしまうのならその考えを改めましょう。その先には必ず心の暗闇と死があります。死ぬよりは逃げたほうがいい。私はそう思っています。

大きい企業だったら配置換えなどの対応をしてもらえるかもしれません。社会的評価が下がるといった不安もあるでしょう。

「心の調子が悪いまま働くよりも、一度休んでリセットしたほうが経済損失が小さい」という統計があるように、リスタートしたほうが新しい人生を楽しく送れる可能性が高いことはわかっています。これからの時代、少し休みを取ったくらいで出世や査定に響くような会社は生き残っていけません。そう割り切って、自分のせいじゃないと思ってしまえばいいん

です。

労働は日本人の義務ですが、あなたが「今いる場所で働く」ことは義務ではありません。あなたの輝ける場所、心安らぐ場所がもっとあるのだとしたら、そっちで努力をしたほうがもっと幸せになれると思うのです。

（ summary ）

- ストレスを感じたら、その元凶から遠ざかる、逃げる

- LINEに疲れを感じたら退会する

- 「自分のせいじゃない」と前向きにあきらめる

- 「今いる場所で働く」ことは義務ではない

chapter
1
受け入れ、受け流す技術

Mind reset >>> NO.006

俯瞰で見る

「自分が、自分が」と自意識が肥大化することがあります。

「自分なんか」と己を矮小化してしまうことがあります。

でも、周りはそんなに他人のことを見てないんですよ、と言ったら、あなたはどう思うでしょうか。

激怒している自分を見たことがありますか。おそらく多くの人は客観的に見たことがないとは思うのですが、それはきっと醜いものでしょう。

人間が怒っている姿は醜いものです。もしも自分が怒りという感情に囚われているのなら、選択肢がほかにある可能性を探ることも大事です。

怒らない方法もそうですし、怒るにしてもほかの伝え方があったのでは、と一度冷静になってください。

まずは遠くから自分を見てみましょう。

怒りをまきちらしている自分、あるいは怒りを表に出せず、うじうじしている自分。なんとも情けないと思いませんか。

動物のように自然に溢れ出た感情を、そのまま表に出す行為にも感心しません。

たとえば医者であれば誰もが経験する当直明けは、疲れがピークに達しイライラしています。怒りの閾値が普段より下がっているため、些細なことでカチンときてしまうこともあります。

そんなとき、私は自分の中にもうひとりの自分を作ることを意識しています。第2の私は、私をじっと見ています。意見をするわけでもなく、ただただ私を眺めているのです。

第2の私はただ客観的に物事を判断します。怒ること、怒らないことの線引きを、明確に決めて、第三者視点でジャッジするのです。

怒る怒らないの境界線が、その日の気分によってぶれるのはよくないですよね。だからこ

chapter
\\ 1 //
受け入れ、受け流す技術

そ、怒っている自分を第三者視点で判断するという習慣を身につけたのです。

そうすれば自分で尺度を作れます。

怒ると、最初に頭に血が上って顔が赤くなる。次に手が震える。次に言葉が上手に出てこなくなるなど。

一言で「怒っている」といっても、今どれくらい怒っているのかを客観的に把握できるでしょう。

今、どんな状態かを冷静に見つめる。そうすると怒りも、先ほどまで感じていた嫌なこともバカらしくなってくるかもしれません。これ以上怒りを増幅させないためにどうすればいいか、それを冷静に判断できるでしょう。

心の中に、別人がいると考える

自分を俯瞰することで得られるもうひとつのメリットは、自分以外の状況も見つめることができることです。

あなたに対して高圧的な態度を取ってくる人がいたとしたら、それはあなただけに対して

なのか、あるいはいつでもそうなのかがわかれば気持ちが楽になるでしょう。

もしもみんなにそんな態度を取っているとしたら、気にすることはありませんし、特定の

仕事のときだけ自分に対してそういう態度を取っているのであれば、この仕事はその人に

とってとても大事で失敗したくないんだなと思いを至らせることもできます。

少し例は違いますが、ドラマの中で、特定の男性だけにツンとした態度を取っている女性

がいたとしたら、「ああ、彼女は彼のことが好きなんだな」とわかりますよね。当の男性か

らしたら、まったくそんなことはわからないでしょうし、もしかすると嫌な女性だという印

象を受けているかもしれません。

俯瞰をしないと見えないこともあるのです。

怒りに震えそうになったときは、こんな方法も有効です。心の中にもうひとり、別人が

いると考えるのです。

たとえば亡くなった自分の祖母が見ていると思えば、恥ずかしいことはできないでしょう

chapter
\ 1 /
受け入れ、受け流す技術

し、一瞬、冷静になってものごとを判断できたりします。

自分が決めたのではなく、信用する第三者が決めたのだと思えば、冷徹な判断だって、意外とできるかもしれません。

電車の中で、窓ガラスに映った自分を見て、「疲れているな」「嫌な顔をしているな」って思うときがありますよね。その視点を常に持ち続けるのです。

美しくて、カッコいい自分のほうが絶対にいいでしょう。手鏡を持ち歩いてもいいでしょう。常に鏡を見るのはとてもいいことです。

この作業に慣れてくると、まるでゲームの視点切り替えボタンのように、自分の視点を切り替えることができます。

敵と対峙しているときに、そのボタンの存在を思い出してください。

自分が今見ている視点。相手から見た視点。第三者から見た視点。それを冷静にモニターすることができるのです。何度も切り替えていけば、自分がどんな顔で、どんな態度で相手に接しているかわかるでしょう。

上から上から自分を見る

保険業界では契約者が死んだあとのことを話すときに「100年後」という言い方をすると聞いたことがあります。

「死んだあと」「お亡くなりになったあと」というと、聞いた相手は凹みますし、冷静に考えられないかもしれません。誰しも自分が死ぬことを考えたくないと思うのは自然の反応です。

でも「100年後」と言い方を変えるだけで、冷静に受け止めることができます。

明らかにその世界に自分はいないでしょうし、言葉を言い換えるだけでこんなにもイメージが変わるのです。

死んだときのことを直接イメージするのか、あるいは100年後を見るのか、それだけでまるで違って思えるから不思議なものです。

ときには鳥になった気分で、さらに上から上から自分を見るのもいいでしょう。

chapter
1

受け入れ、受け流す技術

遠くから見れば、私たちなんてとてもちっぽけなもので、怒っている自分も、嫌な相手も結局はただのひとつの点にしか見えないのです。

鳥は空から私たちをどんな気持ちで眺めているのでしょう。私たちのことなんてまったく気にせず自由に空を飛んでいるに違いありません。疲れたときはふと空を見上げ、深呼吸してみてください。きっと気持ちが楽になるはずです。

私は仕事などで知り合った相手に親近感を覚えてもらうために、「年齢が近いですね」という表現をよく使います。

「ぜんぜん違うよ」と反論されても、「四捨五入したら一緒じゃないですか」と言ってみます。もっと年齢が離れていたとしたら「どうせなら10の位も四捨五入しちゃいましょう」と言えばみんなが笑ってくれて一気に打ち解けるのです。

こういった考え方は、意外と重要な気がするんです。自分が大事に思っていることも、大したことないと言ってくれる人がいるだけで、気が楽になりますよね。

フラットな意見で助言してくれる第三者を心の中に常に置いておけばいいんです。

距離が遠いように見えても、グーグルマップで見たら同じ場所にいるふたり。視座をちょっと変えることで、人生がちょっと楽になったりするのです。

summary

- 感情のままに怒りを発散しない

- 第三者の視点を作る

- 自分が大事に思っていることも他人にとってはどうでもいいこと知る

- 話していて距離を感じていても、グーグルマップで見たら同じ場所

Mind reset >>> NO.007

ルーティンを作る

フリーアナウンサーとして自由奔放な発言で人気を得ている宇垣美里さんは雑誌にこんな文章を寄稿しています。

「ふりかかってくる災難や、どうしようもない理不尽を、ひとつひとつ自主的に受け止めるには、人生は長すぎる。そんなときは、『私はマイメロだよ～☆ 難しいことはよくわかんないしイチゴ食べたいでーす』って思えば、たいていのことはどうでもよくなる」（『Quick Japan』Vol.132　2017年6月発売号）。

これは彼女流のストレス回避行動なのでしょう。ともすれば壊れそうになってしまう自分を守るために彼女が編み出したライフハックなのです。

宇垣さんは嫌いな人ができたときの行動も明かしています。

嫌いな人や今ケンカしてる人のアイコンをスクショしてそれをトップ画像にしたLINE

グループを新しく作ってひとりでそこに入って、延々と悪口を書き続けると、その人に向かっ

て文句を言っているようで、気持ちを落ち着かせることができるのだそうです。

これはひとつのルーティン。彼女にとって心の浄化作用であり、デトックスでもあるのです。

人には知らず知らずのうちに「おまじない」ともいえる行動が身に付いていることがあり

ます。それをまずは自分で強く意識して、ストレスがかかりそうな場面で実践することが

有効です。

ルーティンには集中力を高め、心を落ち着かせる効果もあることが一流のアスリートに

よって証明されています。

野球のイチロー選手が打席に入ってバットを構えて腕をまくるポーズはよく知られていま

すよね。

どんな一流選手でも、体調はその日によって違いますし、場所や環境によってもいつも通

chapter
＼ 1 ／
受け入れ、受け流す技術

りの心境でバッターボックスに立てるとは限りません。

そんなときこそいつもルーティンを体で復習することで、平常心を取り戻すのです。

「うまくいく」と自分に言い聞かせる

ルーティンを決めておくと、マイナスに陥ったメンタルを正常状態に戻しやすくなります。

大学時代、私は弓道部に所属していましたが、そのときも、ルーティンは大いに役立ちました。

弓道では矢を射る際の一連の動作が8つに分けられ、それを射法八節といいます。「足踏み」で足を開き正しい姿勢を作り、「胴造り」では弓を左ひざにおき、右手を腰に当てます。「弓構え」で右手を弦にかけ、左手を整えてから的を見ます。

8つの動作は区分されていますが、連続してひとつの流れを作ります。ひとつの動きの中に竹のように8つの節があると考えるのです。

弓が的に当たらないのは、その8つのどこかに原因があるからだ、と教えられます。

車の調子が悪かったら、エンジン、タイヤなど故障している可能性のある箇所を順番に見ていきますよね。そうすれば異常のあるなし、故障している箇所もわかりますし、原因がわかれば対処、修理のしようがあります。

原因がわかれば対処のしようがある。弓道のルーティンには大きな意味があったのです。

近年話題のマインドフルネス（瞑想のひとつ）では、気持ちがほかに行ったら「集中！」と言い聞かせて意識を戻すように、ルーティンには自分がもしマイナスな精神状態に引っ張られそうになったら、気持ちを健やかに戻す効果があります。

引っぱられそうになったら、大好きな人の写真を見る。大好きな歌のフレーズを頭の中で口ずさむ。それを習慣にするのです。

人は何かしらルーティンを持っているはずです。

大事な試合のときに深呼吸をすることもそうでしょう。ひとつリラックスを挟むと気持ちは落ち着きます。

緊張したときに手のひらに「人の字」を書いて飲み込むというおまじないがあります。「ひ

chapter
\ 1 /
受け入れ、受け流す技術

65

とをのむ」という語呂合わせですが、その効果を感じたことがある人もいるかもしれません。

緊張とストレスは同義。どちらも心を圧迫するものです。

手に人という字を書いて緊張が弛緩したことを、みんな経験として知っているならば、同

じように自己催眠で気持ちが楽になるはずなのです。

基本的には「うまくいく」と自己暗示をかけるといいでしょう。

弓道もそう。当たると思って打つ。前向きな気持ちでいたほうが絶対に当たりますし、

人生もうまくいくのです。

つらくなったら「ゆるゆる」と口ずさむ

自分がラッキーだと思う人と、そうでない人。どっちが幸福になったのかという研究結果

があります。

結果はもちろん、自分はラッキーだと思っていた人のほうが圧倒的に幸福度は高かった

そうです。

どうせ自分なんてモテないと思っている男性より、自信満々の男性のほうが魅力的に映るのは当然かもしれません。

恥ずかしい話、学生時代の私は自信満々で告白していました。もちろん失敗することも多々ありましたが、告白のときは〝イケる!〟と思うことが大事なんです。

モテる、自分はイケていると思っていると、内面も輝き出すはずです。

私は自分に自信を持って生きていますし、生きている幸運にも感謝して過ごしています。

たとえ障害を抱えていても、医者として人の役に立っている。

ポジティブな自己暗示は、気持ちが明るくなるし、自分はもちろん周囲の人を幸せにします。つらいことがあっても、気持ちが前向きなら乗り越えられそうな気がするでしょう。

そして、嫌なことがあっても「これはずっと続かない」「持続しないはずだ」と思い込むことができるはずです。

飛行機に乗っているときの大きな揺れと同じです。経験した方はわかると思うのですが、飛行機が不意に大きく揺れた瞬間「やばい」と思って嫌な汗をかきますよね。でも、気流の不安定なところを抜けてしまえば、そのあとは意外と平穏なフライトが待っていて、着陸

chapter
\ 1 /
受け入れ、受け流す技術

したらあの瞬間の恐怖はもう忘れています。

のど元を過ぎた熱さはすぐに忘れてしまうんです。

仕事で嫌なことがあって、毎日が鬱鬱としていたら、あなたの心の救いになるルーティン

を持ってください。

嫌な年上の相手がいたら、早く定年を迎えるし、早く寿命を迎えると思えばいい。年下だっ

たら人生経験が少ない青二才だと思えばいい。

ドランクドラゴンの鈴木拓さんは、総合格闘技を長年やっていらっしゃってかなりの腕前

らしいのですが、相手に嫌なことをされても、俺のほうが強いからいくらでもやっつけられ

ると思えば、気持ちが軽くなると言っていました。

自分のほうが優れていると思えば、どんなことでも、それで乗り越えられるんだとか。本

当に強いかどうか、本当に優れているかどうかは関係ないんです。それもまたひとつのライ

フハックですよね。

私は嫌なことがあったときは「ゆるゆる」と口に出すようにしています。

言葉のもつやわらかさを感じませんか。

「ゆるゆる、行きましょう」。そう口に出したら怒りも消えていきます。

ルーティンを自分で意識して、自己暗示をかけることに挑戦してください。

ゆるゆる行こうじゃないですか。

---

summary

- 自分だけの言葉で心を浄化させる

- 「うまくいく」と自己暗示をかける

- 「自分はラッキーだ！」と考えていれば幸福度は上がる

- つらくなったら「ゆるゆる」と口にする

chapter
1
受け入れ、受け流す技術

(Mind reset) >>> no.008

感情のまま突っ走らない

これまで感情のままに突っ走って行動してうまくいった経験はありますか？

恋人のものの言い方にカチンときて、売り言葉に買い言葉。目も当てられないケンカになった人を知っています。

私は思春期に母親と口ゲンカになったときのことを今でも覚えています。

ケンカの理由は覚えていませんが、覚えていないということはきっと他愛もない些細なことだったのでしょう。

基本的に両親との関係は良好でしたから、滅多にケンカをすることはありませんでした。

ただその日は、私も機嫌が悪かったのか、次第にエスカレートしていったのです。

70

私は「こんな心臓で産まれたのはあんたのせいだ」と、決して言ってはならない言葉を口にしてしまいました。言った瞬間、自分でも「しまった」という気持ちで心が痛んだのですが、それ以上に、母親の悲しそうな顔は今でも忘れることができません。

私が病気にかかり、心臓に障害が残って激しい運動ができなくなった。それを一番悲しんだのは、母親だったのだろうと今ではわかります。いえ、当時も心の奥底では理解していたのですが、あまりに思考が幼稚でした。

今ではもちろん仲良くしていますし、ときに旅行をしたりと親孝行をしているつもりですが、あの日のことを忘れることはないでしょう。

私はあの日の発言を今も後悔しているのです。

感情に任せて行動することは良い結果を招きません。特に怒りの感情は瞬間的に表出しやすいものです。

タクシーの運転手の態度が悪いときに、こっちも不機嫌になって釣り銭を叩きつけて出る。後味がいいものではありませんよね。そのときに相手がどんな気持ちで仕事をしていたのか

chapter
＼ 1 ／
受け入れ、受け流す技術

わからないからです。もしかしたら、奥さんの具合が悪くて気が気じゃなかったのかもしれません。

自分自身ができることを正しく行えば結果は出る

居酒屋に入ったら店員がなかなか来ない上に、注文を取る態度がよろしくない。目も合わせないでオーダーに集中していない。あなたはきっとイライラすることでしょう。

しかし、もしかするとホールを担当する人数が足りておらずオペレーションがいっぱいいっぱいなのかもしれません。元凶は人員を増員しない経営者にあると考えることもできます。

そう考えるだけで、あなたの怒りは少しトーンダウンするのではないでしょうか。もちろん、あなたに対して失礼と思われる態度をとったことは擁護することはできませんが……。

何が言いたいかというと、怒りの感情に任せて行動しても、素晴らしい結果を招くことは、限りなく少ないということです。

また弓道でたとえさせてもらいますが、弓道で大事なのは平常心です。

「正射必中」という言葉があります。当てることだけが目的ではなく、型があってこそ。逆に言えば、型が正しければ必ず結果は出る、と考えられています。

弓道は私に心の安定を与えてくれました。

弓道では結果がすべて。結果がそれまでの自分が歩んできた道筋が正しいかどうかを教えてくれるからです。

つまり、途中の過程で、周りに振り回される必要はないのです。自分自身ができることをしっかり正しく行えば必ず結果は出るからです。

弓道では決して動かないものがあります。

それは的です。

的は動きません。しかし、私たちは的を狙おうと弓を構えると、グラグラとゆれて狙いが定まりません。繰り返しますが、的は動かないのです。ということは、**動いているのは自分自身。自分が勝手に混乱しているのです。**心が乱れたまま打った矢が的の中心を捉えることはありません。

chapter
\ 1 /
受け入れ、受け流す技術

先ほどの飲食店の店員を例にとりますと、たしかに店員の態度はひどい。しかし、相手の事情まで思いを至らせた途端、相手への見方が少し変わったことに気がつくでしょう。

相手は変わっていないのに、自分が変わっただけで見方が変わってしまう。それは、天動説と地動説の違いくらいの差があります。

自分の弱さを認める

つまり感情のままに突っ走って行動をすると良いことはないのです。

なぜうまくいかないんだろうと思ったら、その結果を嘆くより、原因を分析したほうが建設的ですし、気持ちが前向きになります。

もしも、とても自信があるプランが通らなかったとしたら。

決定権のある部長に対して恨み言を言う前に、その理由を冷静に分析することが第一だと思うのです。

あなたが誰よりも優れた案を出し、きちんとプレゼンできていたら間違いなく通るはず。

でも通らないのなら、その理由がどこかにあるはず。

一回冷静になって考える。その時間が必要なのです。改めて理由と原因を見直した結果、やはり部長のえこひいきが原因だという結論に達したら、そのときはしかるべきところに苦情を入れても良いでしょうし、転職を視野に入れても良いでしょう。

改めて見直した結果、自分の提案に落ち度があったとしたら、次回はもっと良いものを出せばいいのです。

私がみなさんにお伝えしたいのは、結論を急がないということ。自分の心の中に第三者委員会をもうけて、そこで時間をかけて結論を出せば、それに納得できるでしょうし、時間の経過とともに頭も冷えて冷静な行動ができるでしょう。

弓道では「動かない的が答えを教えてくれる」といいます。繰り返しになりますが、的は正しい答えを知っています。

失敗したりうまくいかないときに、下手に動き回っているのは自分だということです。

的に矢が当たらないのは自分の弱さ、そして至らなさゆえ。

「なんで当たらないんだ」と的を責める人はいないでしょう。

chapter
\ 1 /
受け入れ、受け流す技術

まずは自分の弱さを認めることから始めましょう。これもあきらめの一種。私は激しい運動ができませんでしたが、それを悔やんだり、マイナスに思ったことはありません。

長い距離は走れませんが、自転車があります。泳ぐのも苦手ですが、浮き輪があれば浮くことはできます。

己の弱さを知り、冷静に自分を見つめ直すことができた人だけが次のステップに進めるのです。

大切なのは不動心。

ルーティンを繰り返していれば必ず結果が出る、というのが弓道。周囲の雑念は気にしなくていいですし、自分がいつもやることを普通にやれればいい。結果が出ないということは、途中でトラブルがあるということ。

弓道はメンタルの強弱が試合に出ます。でも、的が動かず自分も動かないのならきっと当たると冷静に考えることが大事なのです。

弓道は矢が的に当たっても当たらなくても試合が終わるまで一切のリアクションをすることは許されません。ガッツポーズなどもってのほか。

76

平常心を保ち冷静に見つめなおすことで、さらに高いパフォーマンスを発揮することができるのです。

あなたが自分を冷静に見つめなおせば、きっと正しい道順が見つかるでしょう。不動心を体現することが必要なのです。

summary

- 型が正しければ結果は出る
- 相手の事情に思いを巡らせると、世界が変わる
- 自分の弱さを認める
- 失敗したりうまくいかないときに、下手に動き回っているのは自分

chapter
1
受け入れ、受け流す技術

77

(Mind reset) >>> no.009

「発想の転換」を習慣化する

動物界で最強の動物を決めるとして、シャチが最強だという人がいます。一方でクマが最強だという人もいます。

海で戦ったら、明らかにクマよりもシャチが強いでしょう。しかし陸だったらどうでしょう。そもそも異種格闘技戦をしようという発想がおかしいのだ、という意見は置いておいて、クマが有利なことは間違いありません。このように違うふたつのものを私たちは比べたがります。

私たちはそれぞれが違う人間なのに、比べられてしまうのはおかしい。そう考えれば少しは気持ちが楽になるのではないでしょうか。

78

あなたを執拗に攻撃してくる人がいます。あなただけを目の敵にする同僚がいたとします。

彼ら彼女たちは、あなたのことを、思い込みで決めつけているのかもしれません。この人は仕事が遅くて職場の和を乱すタイプである、などと。

人間は自分の思い込み（認知）を通して物事を見ています。一般的には状況や場合に応じて、認知は変化していくのですが、ときにその思い込みから逃れられない人もいます。

初対面の印象が悪くても何度も接しているうちに相手の印象が良くなったという経験が誰にでもあるはずです。ただし、思い込みが強く、決めつけがちな人というのが世間にはいるのです。

やたらと血液型にこだわったり、生まれた地域や、国籍だけで一括りにした話し方をする人はいませんか。

「性格がいいかげんだからB型とは付き合えない」

「名古屋の人間はケチで運転が荒い」

「韓国人は日本人が嫌いだから行くと危ない目にあう」

こういう話し方をする人は要注意です。

chapter
\ 1 /
受け入れ、受け流す技術

思い込みが強い人は、あなたを自分のペースを乱す異分子であるとみなしたら、その評価を変えることはないでしょう。一度そう思い込まれると、どんな行動をしても裏目に出てしまうのです。

万人に愛されるのは幻想だと知る

クレームの電話に対して、あなたが会社の評判を落とさないように丁寧に対応したとします。しかし、良かれと思ってしたことでも、思い込みの強い上司はそれを評価するかどうかは別の問題です。

「そんな電話はすぐに切り上げて他の仕事で生産性を上げてほしい」

上司の目には無駄な電話を切り上げず生産性のある仕事をしない「使えない部下」として映っているのです。とても悲しいですよね。

思い込みはあなたの中にもきっとあります。

みんなから愛されるほうがいい。多くの人に信頼されるほうがいい。

あなたが生活するために給料をもらう。人生において仕事は大きなウエートを占めるでしょう。職場はあなたにとって大きな意味を持つコミュニティーです。

職場ではみんなに認められたい。みんなに好かれたいという気持ちが発生するのは当然のことと言えます。

でも、その思いが、「そうあるべきだ」という強迫感や義務感になってしまうとそれは少し問題かもしれません。

「みんなに愛される」という理想はかなり非現実的だからです。実際にそうやって愛されてきた人を身近に見てきた経験があるのかもしれません。

ただ、理想と現実は違います。

あなたが愛されるために自分の意見を押し殺してトラブルを避けて行動すれば、次第にあなたは周囲の目や意見を気にしすぎてビクビクしながら過ごすことになるかもしれません。心を病んでしまう人の多くは、周囲の人の意見を気にしすぎてしまう傾向があります。

あなたが最初にすべきはその思い込みを捨てることです。あきらめることです。

みんなから愛されなくたっていいじゃないですか。どんな名店だってネット上の口コミサ

chapter
1
受け入れ、受け流す技術

81

イトで低評価をつける人がいます。その理由は料理ではなく店員の言動だったり、店の造りだったり。些細なことが低評価につながり、点数に反映されます。

つまり、あなたがどんなに素敵な人だとしても万人に好かれるのは無理だと割り切ることが必要なのです。

人に好かれたいし、好かれたほうがいいのはわかっているけど、全員に好かれることはできない。

そう思うだけであなたの気持ちは楽になるでしょう。

昔は女性であれば貞淑、男性であれば勤勉こそが美徳とされましたが、現在では価値観も多様になり、恋愛に奔放な女性や、面白い動画で生計を立てる男性が認められる時代になりました。

誰からも好かれるなんて土台無理な話。だったら具体的にどうなりたいのかを考えてみましょう。つまり発想の転換です。

あなたを好きでない人は、必ずしもあなたの人格を否定しているわけではないのです。

だったら、今のままでいいじゃないですか。

82

心の弱さを自覚する

私がおすすめしたいのは「半分くらいの人に好かれること」を目指すことです。ふたりに

ひとりくらいならなんとかなりそうな気がしませんか？

今のままの自分を大切にして、半分の人に愛してもらえるような立場を気楽に目指しま

しょう。

こういった目標は、低くていいんです。たとえば今日から毎日ジョギングを続けるぞ、と

思うとひと月後に挫折する様子がありありと浮かびますが、2日に1回ウォーキングする

と考えたら意外と長続きしそうな気がするでしょう。

人生はマラソンにたとえられますが、ゴールは早く目的地につくことではありません。ゆっ

くりと沿道の景色を楽しむことができたら、それが一番幸せな人生ではないでしょうか。

チームの調子が悪くて改善を求められたサッカーの監督がいるとします。

「どうにかなるから頑張れ！」と精神論で乗り切ろうとする監督がいたとしたら「無能」

chapter
1

受け入れ、受け流す技術

であると断言できます。

優秀な監督は、きっと失点のパターンや、得点が取れない原因を分析するでしょう。そして対策を立てるはずです。

失敗が続いたり、ミスの原因が自分にあるような事案が続いたのなら、その原因をしっかりと探ってみるのがいいでしょう。

もしあなたが女性で、男性の顧客からクレームの電話を延々と受けるケースが続いたとします。それを自分以外の社員が対応したところ、すぐに解決したとしたらあなたはきっと落ち込むことでしょう。あなたの能力に疑問符をつける人もきっといることでしょう。

しかし、ちょっと考え方を変えてください。相手の男性はあなたが女性だから粘着しているのだとしたら。

クレームを入れてきた相手は日頃の鬱憤（うっぷん）を晴らしているのかもしれません。あなたはそのはけ口になっている可能性もあります。

他の社員が対応したらすぐに収まったのは、その社員が男性だったからかもしれません。

クレーマーは相手を見て攻撃をするのです。

仕事が不振だったらコンサルという立派な仕事があるのに、心の内面の問題になると「なんとかなる」で乗り切ろうとすることに私は危惧を覚えます。

健康診断を受けるように、心の弱さを知ろうとすることも大事な発想の転換なのです。

（summary）

- 強迫感、義務感を捨てる
- 出会う人の半分くらいに愛される自分をイメージする
- あなたを好きでない人でも、人格を否定している訳ではない
- 自分を責めない

chapter
1
受け入れ、受け流す技術

85

（Mind reset）>>> No.010

考え込まない

あなたの人生を不幸にしているものはなんでしょう。

苦手な人、嫌いな上司、終わらない仕事、実家の親からのプレッシャー、上がらない給料。

数え上げればキリがありませんよね。

でも、もし、あなたを不幸にしている原因が、それらひとつひとつではなく、「あなたが

それに頭を悩ませていること」だと言ったらあなたはどう思うでしょうか。

真面目にひとつのことを考えすぎることはよくありません。なぜなら視野が狭くなって

しまうからです。

ひとつのことばかり考えるという行為は、とても自分中心的な発想であるとも言えます。

86

考えたからといって正しい結論が出るとは限らないからです。

夜中に書いたラブレターやメールの文面を思い出してください。

文章を情熱的に綴って満足しても、翌朝に読み直すと、途端に気恥ずかしい思いになった経験はありませんか？　目の前のラブレターを書くことにのみ注意がいき、受け取る相手がどう考えるか、など他のことへ気が回っていなかったのではないでしょうか。

ツイートなどSNSに書く内容は、家の玄関の外に貼っても問題にならないものにしよう、と言われています。私のおすすめ方法は、ツイートを下書き保存し、翌日見返してみて、それでもつぶやきたいかどうか判断するというものです。

とにかく、ひとりで考え込んではいけないということです。もし考えるのだったら、期間限定で、と決めるのはどうでしょう。この仕事を定年まで続けていてもいいものか。この人とずっと付き合っていてもいいのだろうか。

あなたにとって大事なのは果たして先の見えない未来でしょうか。それとも5年後？

10年後？

chapter
\ 1 /
受け入れ、受け流す技術

あなたにとって大事なのは今です。

何十年も先のことを考えて、明日死んでしまったらなんの意味もありません。

すぐに決断ができない人は、あなたが1年後にどうしたいかを考えるといいでしょう。

1年間は今の彼氏と付き合ってみる。嫌なところを改善してくれたら、そのときは結婚する。そうでなければ別れる。仕事がつまらないなら、希望する部署に異動を出したり、仕事のやり方や取り組み方を抜本的に変えてみる。それでも楽しくなかったら転職を考えたらいいでしょう。

うじうじと悩んでいたら1年がたっていた。そんなことに時間を使うのなら、期限を設定して悩むことを決心してください。

「もう少し頑張ったら」とは伝えない

悩み始めたあなたを苦しめているのは、意外にも親身になってくれたはずの友人や親だったりします。

一歩下がっていろんな視点で考え直すべきだ。そう決心したあなたに対して、友人や親は、あなたのためを思っていろいろなアドバイスをくれます。

残念ながら、それは必ずしもあなたのためになるとは限りません。

なぜなら、あなたのことをよく知っている人間が与えてくれるという先入観が、あなたの判断を鈍らせるからです。

過去に痛ましい事件がありました。ブラック企業に勤めている息子を持った親御さんが「仕事がつらい」と相談されたときのこと。心配はしつつも、「もう少し頑張ったら」とアドバイスをした結果、息子さんは上司からの暴力やパワハラに耐えきれず自殺してしまったのです。

「会社を辞めたい」と相談されたときに、あなたはなんと答えますか？「いいじゃない。辞めちゃいなよ」。そう気軽に言えないことが多いのではないでしょうか。

特に親は自分の子供が挫折をすることに臆病になってしまう傾向があります。「会社なんて、本当に嫌だったら辞めなさい」と言ってくれる親はあまりいないような気がするんです。

親の頭の中には、会社を辞めて再就職に難儀するイメージが浮かんでいるのかもしれま

chapter
\ 1 /
受け入れ、受け流す技術

せん。このご時世、確かに再就職に困っている人は多いようで、そのネガティブなイメージが、「もう少し頑張ったら」というアドバイスにつながるのでしょう。親は子供に安定した幸せな生活を送ってほしいと思うものです。

親はあなたの一番近くにいる味方です。でも、あなたがすぐに考え込む真面目な性格で、親や友達の助言を大切にする性格だとしたら、それを自覚するといいでしょう。

あなたに必要なのは、情報を遮断することかもしれません。

SNSやインターネットといった、ネットの海は、あなたにとって居心地のいいものだからです。

ツイッターやインスタグラムではあなたが苦手だと思う人をフォローしないでしょう。Facebookも基本的にはあなたの友達しかいないはずです。ということは、あなたにとって都合のいい情報がフィルタリングされているのです。

インターネットで検索する際も、実は自分の都合のいい情報ばかりを意識的に選択している可能性もあります。

負の感情にとらわれそうになったら、好きなことに思いを巡らせる

もしも仕事がつらかったら、会社なんていつでも辞められるって思えばいいのです。

考え込むと視野が狭くなるなら、カウンセラーなどに相談してもいいでしょう。それはあなたに客観的な意見をくれる貴重な第三者だからです。

パチンコで負けると熱くなってしまいどんどんお金をつぎ込んでしまうギャンブル依存症の人がカウンセリングにかかるのと同じ、というとあなたは少し嫌な気持ちになるかもしれませんが、特定のことしか考えられなくなって日常生活に支障をきたしているという点では差異がないのです。

あなたの思い込みや先入観を共有していない誰かに、セカンド・オピニオンをもらってください。

ひとつのことに意識をとらわれると、そこから負の悪循環に入っていきます。通勤ラッシュでかゆいところをかけずにずっと我慢していると、そのことしか考えられなくなりませんか。

chapter
\ 1 /

91　　　　　受け入れ、受け流す技術

特に混雑した電車内ではほかに意識が向く要素が少ないため、全意識がかゆみにフォーカスしてしまいます。

ダメだと言われると、余計に気になる。意識していると、そこにばかりフォーカスしてしまうのが人間です。でも、本当はどこかが痛かったとしても、ほかをぶつけたらそっちに痛みの意識が行く、それが普通のはずなんです。

大事なのは視野を狭めないために、違う世界を見ることです。

負の感情にとらわれそうになったら、楽しいことに思いを巡らせるといいでしょう。アフター5で行きたい店を食べログで探して気分転換を図る。あるいは、週末の旅行を考える。

次の引越し先を探す。次の転職先のことを考えてもいいでしょう。

私のおすすめは間取り図を見ることです。

物件サイトで気になる部屋の間取りをブックマークして、どの部屋に何を置くか、あるいはどんな暮らしをするか想像をして楽しむのです。

間取り図はネット上でタダで見られますし、想像力を掻き立ててくれます。ここにいない自分を想像することができます。

車や時計、アクセサリーのカタログを見て、違う自分をイメージするのもいいですね。新しいもの、高価なもの、良質なものからはいいイメージがどんどん浮かんでくるはずです。

気分転換のひとつとしてぜひ覚えておいてください。

summary

- 夜中に思い詰めない
- 会社はいつでも辞められる、と理解する
- 自分の思い込みや先入観を共有していない誰かに、セカンド・オピニオンをもらう
- 負の感情にとらわれそうになったら、楽しいことを思い浮かべる

chapter
\ 1 /
受け入れ、受け流す技術

Mind reset >>> no.011

鈍感力を身に付ける

「あなたは鈍感だね」と言われたら喜んでください。

鈍感とは感じ方が鈍かったり、気がきかない様子を示します。しかし「鈍感」はこの世知辛い世の中を生き抜く大事な能力とも言われています。

鈍感であることは、あなたの人生にどんなメリットがあるのでしょうか。ひとつずつ例を挙げて説明していきましょう。

鈍感な人は、おそらくすべてにおいて鈍感なわけではありません。自分の興味のあることには素晴らしい集中力と能力を発揮することがあります。

少し古い作品になりますが、『釣りバカ日誌』という映画があります。主人公である万年

ヒラ社員のハマちゃんは、上司に教わった釣りにハマってしまい、釣りのことばかり考えて暮らしています。

もちろん会社での評価は低く、出世をあきらめているようにも見えます。

しかし、ハマちゃんは勤務先の社長とは実は釣り仲間で、社長の釣りの師匠でもあるのです。

自分には釣りがあるという余裕ゆえ、彼の人生はとても満たされています。仕事でどんな評価をされても何を言われてもどこ吹く風といった様子です。

ハマちゃんにとって仕事は苦痛でしかないのでしょう。「仕事に行きたくない」が口癖ですから。

しかし、ハマちゃんの人生はとても充実して楽しそうに見えるのです。

人間はおそらく生きていられるだけの給料を稼げばいいはずです。それなのに仕事で認められたいという気持ちは必ず生まれてきます。でも、実はそこまで期待されていないかもしれません。

自分じゃなきゃダメなんて仕事は滅多にないと思ってしまえばいいんです。

chapter
\ 1 /
受け入れ、受け流す技術

相手の言動を深読みしない

情報に過敏にならないことも大事です。

エゴサーチがいい例です。芸能界に入ったばかりの若いタレントさんは、ツイッターなどでエゴサーチをすることを禁じられるそうです。SNSは匿名でも参加できるゆえ、悪意の塊に触れる可能性があり、感受性の豊かな人だったらそれだけで心がまいってしまうからです。

まずは情報を取捨選択することを始めてください。

自分に不要な情報が入ってくるようだったら、インターネットやSNSを遮断するか、一日1時間だけなどと時間を決めてください。

楽しく使っていたはずのSNSが、ストレスに感じるようだったら、あなたはSNSですり減っているのです。自分に心地いい情報を探そうとした結果、偏った思考に陥ってしまう危険性もあります。

SNSをやめれば突然時間が生まれます。

電車の移動中や、自宅のリビングでくつろいでいる時間をあなたはどう使っていいか最初は戸惑うことでしょう。

しかし、その時間こそがあなたにとってチャンスの時間。好きな作家の本を読んだり、趣味に使ったりと、自分にとって最も有意義な使い方ができるでしょう。

最新のトレンドスイーツや芸能人のゴシップなんていち早く知らなくてもいいじゃないですか。

情報に鈍感になることで、自分の必要としている情報を見極め、効率よく吸収することができるのです。

相手の言動を深読みしないことも求められます。

相手の言葉の裏にあることを深読みしようとする、それだけであなたの心は疲弊していきます。

有名な話なので知っている方も多いと思いますが、京都でお茶漬けをすすめられたとしたらそれは「帰れ」という意味なんだとか。上方落語「京の茶漬け」にある話がひとり歩

きしたとも言われています。

その昔、友達の家に上がり込んで長居していた大学生たちが、その友人のお母さんにお茶漬けをすすめられて「いただきます!」と大声で答え、その家の人は慌ててお茶漬けの食材を買いに行ったということがあったという記事をどこかで読んだことがあります。

話の真偽はわかりませんが、そのエピソードを聞いた京都の人は、無作法な若者たちに眉をひそめるのでしょう。でも、私はその話を聞いて大笑いしたい気持ちになるんです。これくらい自由でいいじゃないですか。

「鈍感になる」とはバカになれということではありません。鈍感になれば、身軽になって、人生は楽しくなると思うのです。お茶漬けをいただいた大学生たちはきっと京都が好きになって帰っていったのではないでしょうか。

クヨクヨしない

鈍感になる。それは「小さなことでクヨクヨしない」と同義です。

真面目な人ほど、小さなことをクヨクヨ考え過ぎてしまう傾向があります。だったら、

考えるのをやめることから始めませんか。

クヨクヨ考えても仕方ないことばかり。だったらその考え方をやめればいいのです。

嫌なことに対してどんどん鈍感になりましょう。

ある政治家がこう言いました。

「政治家に必要なのは鈍感力だ。目先のことには鈍感になれ」

緊急の災害などは除くとして、政治家にもっとも必要な資質は鈍感力であると説いたの

です。

政治家が何かをしようとすると必ず反対意見が出ます。あるいは選挙などの目先の利益

にとらわれる人もいるでしょう。

しかし、大局を見据えた場合、一番大切なのは、近視眼的な考え方に陥らない、広い視

野であるとその政治家は結論しました。

政治家に必要なのは周囲の声に動じない鈍感力が必要だと説いたのです。

chapter
\ 1 /

受け入れ、受け流す技術

「鈍感」とは、どんなときでも、嫌なことがあってもクヨクヨしない生き方を表す言葉です。

鈍感な人には、いくつもの素晴らしいメリットが訪れるでしょう。

鈍感な人は、好きなことは苦と感じません。「ここまでしかできない！」と自分の限界を作ることがなくなるでしょう。

他人の意見に鈍感であることで、他人の意見に左右されることなく、自分の意思を最優先することができます。

「大人物には鈍感力が備わっている」と言われることがあります。

たしかに、人の意見に右往左往することなく、自分の意志を徹頭徹尾つらぬき、目的に向かって邁進するのは「誰にでもできること」ではありません。

ひとつだけ注意したいのは、「鈍感」とは決して打たれ強いことではありません。

打たれたと感じない心の持ち方を指すのです。

打たれ強くなるのは、どんどん気持ちが硬くなって、柔軟性を失いかねません。

あなたの知り合いがあなたの悪口を言っていたとしたら、それに慣れてはいけません。

悪口に慣れる、それはただ攻撃に備える経験値が増えただけ。あなたの心の重荷はなく

なっていません。

鈍感とは、悪口を言われても気にしないということ。あの人が何を言ってもなんも私の人生に影響を与えないと、はなから相手にしないのです。自分は自分と生きていけばいいじゃないですか。

鈍感力とは、どんなときもクヨクヨしないで、へこたれずに物事を前向きに捉えていく力のことなのです。

summary

・SNSのエゴサーチはやめる

・相手の言動を深読みしない

・自分に対しての悪口には慣れないようにする

・自分は自分で生きていくと、心がける

chapter
1
受け入れ、受け流す技術

(Mind reset) >>> No.012

体を動かし、心の余裕を作る

運動が心の余裕につながることがあります。

体を動かした夜はスッキリと眠れることがありませんか。さらに、翌朝の目覚めも良く、快適な1日の始まりを迎えることができます。

運動には心を元気にする力があります。特にうつ病患者など、心の感受性が鈍くなっているときにも、効果を発揮することが研究でわかっています。

私の患者には、作業療法の一環でストレッチをしてもらうことがあります。ヨガなどが特に効果的で、筋肉が張っていると頭痛もすることもありますので、筋肉を弛緩させることは心の健康にもつながります。

102

●この本をどこでお知りになりましたか?(複数回答可)

1. 書店で実物を見て　　　　　　　2. 知人にすすめられて
3. テレビで観た(番組名:　　　　　　　　　　　　　　)
4. ラジオで聴いた(番組名:　　　　　　　　　　　　　)
5. 新聞・雑誌の書評や記事(紙・誌名:　　　　　　　　)
6. インターネットで(具体的に:　　　　　　　　　　　)
7. 新聞広告(　　　　　　新聞)　　8. その他(　　　　　)

●購入された動機は何ですか?(複数回答可)

1. タイトルにひかれた　　　　　　2. テーマに興味をもった
3. 装丁・デザインにひかれた　　　4. 広告や書評にひかれた
5. その他(　　　　　　　　　　　　　　　　　　　　　)

●この本で特に良かったページはありますか?

●最近気になる人や話題はありますか?

●この本についてのご意見・ご感想をお書きください。

以上となります。ご協力ありがとうございました。

郵便はがき

1 5 0 - 8 4 8 2

お手数ですが
切手を
お貼りください

東京都渋谷区恵比寿4-4-9
えびす大黒ビル
ワニブックス 書籍編集部

―― **お買い求めいただいた本のタイトル** ――

本書をお買い上げいただきまして、誠にありがとうございます。
本アンケートにお答えいただけたら幸いです。
ご返信いただいた方の中から、
抽選で毎月5名様に図書カード（500円分）をプレゼントします。

ご住所　〒

TEL（　　　-　　　-　　　）

（ふりがな）
お名前

ご職業

年齢　　　歳

性別　男・女

いただいたご感想を、新聞広告などに匿名で
使用してもよろしいですか？　（はい・いいえ）

※ご記入いただいた「個人情報」は、許可なく他の目的で使用することはありません。
※いただいたご感想は、一部内容を改変させていただく可能性があります。

最近、ヘルニアからうつ病を発症した芸能人の方のニュースがありました。身体症状から

うつになる事例も報告されていますし、体の不調が心に及ぼす影響ははかりしれないのです。

自分の心の余裕がないことには、嫌なことをスルーできません。心の余裕は体を動かすこ

とから生まれてくる場合もあります。

ストレッチで体をリフレッシュさせるのもいいでしょう。ヨガ、瞑想でリラックスしましょ

う。お風呂は血流がよくなり、筋肉がほぐれるので効果的でしょう。湯船にゆっくりとつ

かることを心がけてください。ランニングやウォーキングなどの有酸素運動もいいでしょう。

ニューヨークタイムズの記事によると、有酸素運動の仕方によって被験者を3つのグルー

プに分けたところ、運動量が最も少なかったグループと最も多いグループではうつ病を患う

確率に大きな差があることがわかったそうです。

アメリカのデューク大学のブルメンタール教授は、うつ病患者に運動を行わせることでう

つ病が回復するという研究を発表しました。もちろん確たる因果関係はまだ立証されてい

ませんが、運動でうつ病が悪化したという事例は聞いたことがありません。

運動療法のもうひとつの利点は、確実に体力が向上することです。体が資本とは言いま

chapter
\ 1 /
受け入れ、受け流す技術

せんが、体力を蓄えておくことは、いざというときにあなたのスタートを後押ししてくれると思うのです。

運動で自己肯定感を高める

ここからは少しマニアックな話をしましょう。

人間の体はよくできているので、体が危険信号を発すると脳内物質を出して痛みや苦しみを和らげようとします。よく知られている現象がランナーズハイです。これは脳内から出る神経伝達物質によって引き起こされます。

走っていると体は苦しみを感じ、脳内から「βエンドルフィン」という物質を分泌します。これは鎮痛薬として知られるモルヒネと同じくらいの作用を持ち、さらに多幸感をもたらすため「脳内麻薬」という呼び名でも知られています。

脳内麻薬とはどんなときに出るのか。たとえば、辛い唐辛子を食べたときにも出ますし、爪の間に針を刺すことでも出ます。人間の体が危険を感じると自然と分泌されるのです。

104

「セロトニン」は別名「幸せホルモン」とも呼ばれる物質です。みなさんも名前は聞いたことがあるでしょう。多幸感を生み出す源と言われ、セロトニンなどの量が減少し働きが低下すると、さまざまなうつ病の症状があらわれるのではないかといわれています。

セロトニンを増やすには運動をすること、そして日光を浴びることが効果的だと言われています。

凝り固まった筋肉をほぐすには、リラクセーション法というのが推奨されています。

①腕の筋肉をほぐすには両こぶしを握って腕を曲げてください。

②肩を後ろに反らせ、肩甲骨を背骨に寄せ、左右の肩甲骨がくっつくようにします。次に両肩を耳にくっつけるように上げましょう。

③顔面は両目をかたく閉じ、鼻にしわが寄るようにして、目と口を鼻に近づけ、口はひょっとこのようにして舌で口の上を押しながら、歯をかみしめます。

④片手のこぶしを両ひざで挟み、こぶしを左右から押しつぶすように、ひざに力を入れます。また、両手を左右のひざに当て、手はひざがくっつくように力を入れ、ひざは

手の力を押し返すように、足に力を入れます。

この4動作であなたの体と心は一気に軽くなるかもしれません。

運動をすることのメリットはふたつあります。

ひとつは心と体の健康を得られること。もうひとつは定期的に運動をすることで健康と見た目に自信を得られることです。

自信のなさは見た目に起因することが往々にしてあります。どんなにきれいな見た目の人でも自信がない人がいることに驚きますが、定期的にトレーニングをしている人の自己肯定感は特に高いという研究があります。

それは運動して、自分がよりよくなったという実績が自信につながっているからです。

アメリカの学術誌に掲載された研究によると、運動を行った人は、実際に体に変化が現れていなくても、自分の体型を肯定的に捉えるようになるそうです。

自分が努力した、その結果が心と体に良いイメージを与えていることがよくわかります。

徐々に結果が出始めると、自分で頑張った過程を振り返るようになります。

これまで積み上げてきた実績が、体重や筋肉などの実績になっているのを数字で確かめ

ることで、さらにモチベーションが上がり、満足を感じるのです。

自信が生まれるとどうなるのか。「心の中から輝き出す」という表現が適切かはわかりませんが、表情が豊かになります。

男性は自信家に、女性は表情が豊かになります。端的に言ってしまうと、内面から自信があふれてモテるようになります。

ファッションも変わりますし、ときには言動さえも変わるのです。

体を動かすことをまずは実践してはいかがでしょう。

summary

・ストレッチで体をリフレッシュさせる

・湯船にゆっくりとつかる

・定期的に運動をすることで健康と見た目に自信を持つ

chapter
\ 1 /
107　　　受け入れ、受け流す技術

Give up
and
it will work

chapter ②

自分が好きな自分になる

(Mind reset) >>> NO.001

媚びない

「媚びる」とは、相手に気に入られるために、相手が喜びそうなポイントを素早く察知することで相手の機嫌を取ろうとする行為です。

本心とは違った言動で誰かに媚び、自己嫌悪に陥ったという苦い経験を持っている方もいるでしょう。

それでも媚びてしまうのは、その相手が持つ権力、名声などを眩しく感じているからです。

相手の意見に同調することで、その威光を自分の目的を達成するため、あるいは日常生活を円滑にするために利用しようという下心があるからです。

媚びることを「コミュニケーション」だと勘違いしている人も多いようです。上司だけで

110

なく、女友達、スクールカースト上位にいるクラスメイトに対して媚を売ったことがあると

いう人もいるでしょう。

仲良くなりたい人に対してはお世辞を上手に使う人がいます。ときには、明らかにお世

辞だとわかるようなことを言っても、言われた相手は悪い気はしないようです。

媚びる人は、親しくなりたい人に対して、意見や行動をできる限り相手に合わせ、本音

と建前を上手に使い分けています。

しかし、それは自己満足に過ぎないとしたらどうでしょうか。媚びた相手の頬が瞬間的

に緩んだとして、実は心の中で媚びた人間を軽んじていたり、鬱陶しいと思ったとしたら？

繰り返しになりますが、「媚びる」という行為は相手に嫌われたくないという気持ちの表

れです。相手が攻撃してくることを無意識に防御する行動ともいえます。

なぜ相手が攻撃してくるのか。その根本を解決しないまま、相手に媚びることで、知ら

ず知らずのうちに相手のペースにハマってしまっているのです。そこには自発的なあなたの

姿はありません。

chapter
2
自分が好きな自分になる

111

また、媚びることが染み付いている人は、立場が下の人間に対しては、威圧的に振る舞うことがあります。ある意味それは、媚びることを強いているともいえます。

人に対して気に入られるような振る舞いは、やがて習慣化して、相手からもっと強い刺激を求められることもあります。

なぜなら、媚を売られることに慣れた人は、それ以上の刺激がないと満足しないからです。

麻薬と同じで、永遠にその心地よさから抜け出すことはできないのです。

媚を売る側も継続的に媚び続ける必要が出てきてしまい、すり減り続けます。

疲れたからといって、媚びる行為をやめるわけにはいきません。なぜなら、媚を売られる側は、もうその状況を当然と考えるようになっているからです。前触れもなくお世辞がなくなったら、裏切られたと感じるでしょう。最初から媚を売らなければよかった、と思ってもあとの祭りなのです。

一方、媚びるという行為は、実は相手の心の中にズケズケと入っていく不躾な行為ともいえます。私があなたのことをこれだけ持ち上げているのだから、あなたも私によくしてよ、

という考えが見え隠れしています。

しかし、もしあなたが本当に相手を尊重していたら、そんな行動には決して出ないのではないでしょうか。

あなたが自分らしくいるためには、相手がどう思おうが気にしない、という態度を貫くこと。

媚を売って誰かの歓心を買おうとしなければ、あなたはきっと自分らしい人生を送れるはずです。

(summary)

・自分にも相手にも尊敬の気持ちをもつ

chapter
2
自分が好きな自分になる

(Mind reset) >>> NO.002

自分を大切にする

自分のことを大切にしている人は、他人からも大切にされます。

自分を大切にしていて、自信がある人は、悪意の対象になったり、弱さに付け込まれたりしません。他人に対しても尊敬の念を持っているからです。

自信は一朝一夕に身につくものではありません。自信を持っている人はそれなりの努力をしているからです。

相手を必要以上に持ち上げたり、上に見たりしないことも大事です。

たとえば、自分より立場が下の相手が無理難題を言ってきたとしても、あなたはきっと

114

相手にしないでしょう。

あなたと同等の立場の人がお願いをしてきたとしたら、きっとあなたは冷静に判断して、そのお願いに応えられるかどうかを冷静に判断することでしょう。

その対応が一番自然で、あなたらしいと私は感じます。

それなのに、立場が上の人が無理なお願いをしてきたとしたら、突然そのお願いをどうにか処理しなくてはいけないようなプレッシャーを感じるのではないでしょうか。

自分のやりたくないことに嫌々付き合うことは、あなたをどんどんすり減らします。

大事なのは他人と適切な距離を置くこと。

自分を大切にしているかどうかは、つまり自分が自然でいられるかどうかにかかっているのです。

一方、文句やグチを言うことは悪くないのですが、習慣化しないことが大事です。文句を言うこと

「皮肉屋は認知症になりやすい」というアメリカの実験結果があります。文句を言うことで不満をある程度ガス抜きしてしまうことが常態化することはよくありません。悪口はス

パッと切り上げることも大切です。

自分を必要以上に下げないことも大切です。

テスト前に「ぜんぜん勉強していない」と言ってみたり、試合前に睡眠不足で体調が悪い、とあらかじめ弁明する行為を「セルフハンディキャッピング」と呼びます。

これは人間の自己防衛本能から来るものです。

たしかに、失敗による自己評価の低下を防ぐ効果はありますが、それゆえに向上心は低下します。

自身の実力をきちんと評価して受け入れることで、課題を実現するための努力や努力不足をきちんと認識し、成長可能となるのです。

自分を大切にするために、まずは自分の価値をちゃんと知りましょう。

取るに足らない人間なんだと思うのならそれを改善する努力をすればいいでしょう。結果ではなく、努力をする自分を好きになればいいんです。

自分の価値がわからないなんて言わないでください。

学生時代にみんなが好きだと熱を上げているアイドルよりも、もっと気になる人を見つ

けたときは、自分だけが知っている宝物を見つけたような気がしたものです。

それは自分が獲得した価値観だったからです。

誰かを好きだと感じたら、その気持ちを大切にしてください。自分なんかダメだと思ってはいけません。

誰かにあなたの価値を決めてもらうなんて寂しいことじゃありませんか。あなたはあなた。

自分を大切にすれば、自分の価値をさらに高めることができるでしょう。

summary

・自分を大切にするため、自然な自分を保つ

chapter
2
自分が好きな自分になる

(Mind reset) >>> No.003

沈黙に慣れる

沈黙に弱い人がいます。

「何か言わなければ」と思うのに言うべき言葉が見つからない、と焦った経験は誰にでもあるでしょう。

その焦りは、「沈黙はいけない」という思い込みが生み出しているのです。

バラエティー番組をはじめとしたテレビの影響なのか、「沈黙とはつまらないことである」と、考えている人があまりに多いことに驚かされます。

テレビで沈黙が続けば「放送事故」と呼ばれますが、実生活でも同じように考えている

人がいるのでしょう。

沈黙が生まれるのは、自分が上手に会話を紡いで、テンポよく話せていないからだ、と、沈黙の理由を自分のせいにしてしまう。

すると、優しい人は「何かを話さなければいけない」とプレッシャーを感じてしまう。

その結果、沈黙が怖くなるのではないでしょうか。

沈黙を恐れるあまり、どうでもいいことをしゃべるのは正解ではありません。

天気、スイーツ、タレントなどの他愛もない話題を無理やり振って相手の答えを引き出したところで、相手との距離は縮まりませんし、何よりリラックスできません。

うまく言葉が見つからないときでも、焦る必要はありません。

沈黙とは、何もない時間ではないのです。

時計のカチカチという音、雑踏から聞こえるクラクション、店員のいらっしゃいませの挨拶、コップ同士がぶつかる音。

chapter
\ 2 /
自分が好きな自分になる

それらの音に耳をすませると、気分が落ち着いてきませんか。

普段の会話でも沈黙が効果的に使われる場合もありますよね。

沈黙をポジティブに捉えませんか？

沈黙を怖がらない人は、一緒にいて安心感があります。

それは、相手の沈黙も許容しているからです。

「この人といると余計なことを話さなくてもいい」という安心感は、あなたの価値を高めます。

相手はあなたといることに居心地の良さを感じてくれるでしょう。

意味のないことをペラペラしゃべらない人間だという信頼も、同時に得ることができるかもしれません。

沈黙を埋めたいと思ってどんどん話を繰り出す人は、一見相手のことを思って気を使っているようで、実は自分の感じる気まずさを解消しているに過ぎないのです。

沈黙が気まずいからと、余計なこと、意味のないことを話して相手の時間を浪費する。

それはとても生産的な行動とは言えません。もっと言えば、自分勝手だと非難されても仕方ない行動といえるのです。

言葉は沈黙を埋めるためにあるわけではありません。

「余計な言葉がなくても大丈夫」。沈黙もまたひとつのメッセージなのです。

summary

・沈黙は信頼関係を示すメッセージ

Mind reset >>> No.004

自然体で生きる

自然体とはなんでしょう。

辞書には「力まずに物事に臨む（物事を処する）態度」とあります。

あなたはどんなときに自然体でいられますか。

「いつも自然体でいよう」と繰り返し言われても、言葉の意味、状態がわからないようでは、

なれるわけがありません。

まずは、あなたにとって自然体とはどんな状態かを知ることから始めましょう。

122

心を自然体にするにはどうしたらいいでしょうか。

仕事やプライベートを通して自然体で生きるためには、構えたり力んだりしてはいけません。イチロー選手はバッターボックスに入ったときに必要以上に力まなかったといいます。次はきっとこうなるだろう、と狙いを絞ってしまうと、もし違ったときに対応ができなくなってしまうからです。力み過ぎていい結果になることはありません。

大事なのは先入観を持たないこと。 どんな状況になっても柔軟な姿勢で対応できることです。

あなたにとって自然な状況とは、無理せず、背伸びせず、心のストレスなく過ごせることであるはずです。仕事をする以上、多少の緊張やすれ違いは生じるもの。ただ、そのひとつひとつを決して飲み込むことなく、違和感を抱いていることを認識しましょう。

人からどう見えるかを気にしてはいけません。自分の居心地がいいと感じられる時間を過ごせばいいのです。

123　　　　自分が好きな自分になる

物理的に肩の力みをほぐすことも有効です。

まずは肩の力を抜きましょう。全身の緊張をほぐすには、筋肉を弛緩させます。これはリラクセーション法と呼ばれ、古来から行われてきたリラックス方法ですが、体の動きにより、リラックス反応を誘導して、ストレス反応を低減させる効果があります。

ちょっと難しい名前ですが、「漸進的筋弛緩法」はエドモンド・ジェイコブソン博士が開発した手法で、筋肉の緊張と弛緩を繰り返し行うことで体をリラックスさせます。

たとえば、顔の口をすぼめ、顔全体のパーツを顔の中心に集めるように10秒間力を入れます。その後、力を抜きぽかんと口を開けた状態で20秒ほどリラックスします。

これを体全体の部位で行うことで、リラックスさせるというものです。

特に現代人は肩が凝りやすいため、肩周辺のリラックスは有効です。

・胸を開くようにして上腕を外に広げ、肩甲骨をぐっと引き付ける。そして力を抜く

・両肩を上げ、首をすくめるように肩に力を入れる。そして力を抜く

これを繰り返すことで、各部位の筋肉が弛緩してきます。105ページのリラクセーション法も参考にしてください。

大事なのは弛緩した状態を体感・体得していくことです。そうすればあなたの心は自然にリラックスして、のびのびと過ごすことができるでしょう。

(summary)

・一番居心地がいいポジションを取る

chapter
\ 2 /
自分が好きな自分になる

125

(Mind reset) >>> No.005

大切にされることを待たない

職場でないがしろにされている気がする。友達の中で自分だけ扱いがひどく軽んじられ
ている気がする。

それに比べて、あの人はいつもかわいがられていい思いをしている。自分の意見は聞かれ
ても流されることがほとんどなのに、あの人の意見は常に重要視されている。

なんでだろう。理由がわからないけど、とても苦しくて生きづらい。

そんなふうに嫉妬をしている自分のことも好きになれないですよね。

あなたはなぜ大切にされないのか。またはなぜそう感じてしまうのか。そこに大きな意味、

理由はありません。そうだからとしか言いようがありません。

王様やお姫様でもない限り、生まれたときから何もかもを与えられて、ちやほやされて

育つことはないでしょう。

そもそも、「誰かから与えてもらう」という発想を捨てるべきなのです。

自分が「大切にされるかどうか」は相手次第だとしたらどうしますか。

あなたは、相手に気に入られるために努力をすることになるでしょう。自分が好きな自

分になりたい、ではなく、だれかに愛される自分になりたい……。

このように、自分ではどうしようもないことにあなたの人生の幸せを委ねてしまったら、

あなたはそんな自分を好きになれるでしょうか。

あなたの努力は、いつか報われる日が来るのでしょうか。

誰かにそっぽを向かれたとき、あなたは自分のことを好きでいられるでしょうか。

大切にされないことを気にしない。

それは誰かに大切にされることを待たない、ということです。

chapter
\ 2 /
自分が好きな自分になる

では、どうしたら、あなたはみんなから愛されるのか。

それは、あなたが周囲を大切にすることです。

「鶏と卵は、どちらが先にできたのか」と問われたとき、その答えを簡潔に答えることはできないでしょう。

これをあなたの話に戻すと、周囲に親切で愛されている人がいたら、その人は親切だからみんなに愛されているのか、愛されているから親切なのか。その理由を特定することに何も意味はないということ。

大事なのは、愛されていて、愛しているという事実がそこにあることです。

あなたに必要なのは、自分が大切にされていないというネガティブな気持ちを捨てることです。

誕生日を祝ってくれる人がいないなら、友人の誕生日をあなたが祝えばいいんです。

大切にされたい、大事にされたい、というやりきれない気持ちを抱えて「生きづらい」と

128

思って毎日を過ごすよりも、自分は他人を祝福するために生まれてきた、と思って人生を過ごすほうが有意義な気がしませんか。

あなたの人生はあなたのもの。

誰かに与えられることを待つより、誰かに積極的に与える人生は、あなた自身に大きな安らぎを与えてくれるのです。

（summary）

・「誰かから与えてもらう」という発想を捨てる

chapter
\ 2 /
自分が好きな自分になる

(Mind reset) >>> no.006

許す

言葉を聞くと簡単ですが、意外と難しいのが「許す」という行為です。

自己啓発本を見るとそこかしこに踊っている表現ですが、自分を許すにしても、何を許したらいいのか、どう許したらいいのか、どこまで許したらいいのか、それがわからないからです。

許すってなんでしょう。

不甲斐ない自分、意地悪な自分、対人関係で上手に立ち回れない自分、心にもないことを言って周りを傷つけた自分。

130

すべて許すなんて無理でしょうが、どれを許すか、それは自分で決められるはずです。

小学生の子供がサッカーの試合に出ているとします。

彼がミスをしたら、コーチは叱ることがあるかもしれません。試合のあとに反省を促すこともあるでしょう。

でも、それ以降はきっとそのミスを指摘し続けることはありません。

なぜなら、子供の技術が未熟だということを、コーチも周囲も理解しているからです。ミスは指摘されてしかるべきですが、何よりも大事なのは、なぜミスをしたのか、次にミスをしないためにはどうすべきかを、子供に理解させ、考えさせることでしょう。

もしも、子供が叱り続けられたらどうなるのか。

「自分はダメだ」とどんどんネガティブな気持ちになって、きっといいプレーができなくなるでしょう。

何をしても自分はダメだと思いつめて、もしかするとサッカーが嫌いになってしまうかも

chapter
2
自分が好きな自分になる

しれません。

技術的にも精神的にも未熟だとわかっていれば、ミスを犯したことを延々と責めたりし
ないでしょう。気持ちも切り替えることができるでしょう。

それなのに、あなたは自分のミスを許すことができない。

1度目の人生で、まだ数十年しか生きていないというのに、そんなに高等な処世術が身
についているわけでもないのに。サッカーを始めたての子供と大差ないのに。

まず、ミスをすること、上手に立ち回れないことは、当たり前だと考えてください。完
璧な人間なんていません。自分の犯した嫌な振る舞いは、必死に忘れてしまえばいいんです。

そして、他人に優しくなれない、情けない自分の姿を受け入れましょう。完璧な自分を
あきらめるのです。

自分のことならともかく、相手の振る舞いに対して、怒りや負の感情が持続する場合が

あります。

相手を許すことで、自分だけが損な役回りをしているような気がしてしまうのです。

それでも、許すことを私は推奨します。

許すことで、損をするかもしれないけど、許すこと。

許すという選択をしたことで、あなたの心の中にあった黒い気持ちがどこかにいっているでしょう。あなたの日々の憂鬱を占めていたのが、なんてちっぽけなものだったか気づくかもしれません。

許すことを望んでいるのは、誰よりもあなた自身なのです。

summary

・人を許すことは、自分を許すことだと知る

chapter
2
自分が好きな自分になる

悩みを書き出す

(Mind reset) >>> NO.007

あなたを悩ませる不安があります。

あなたをことさら不安にさせるのは、不安の正体がよくわからないからです。そしてあなたをさいなむものの大きさがわからないからです。

将来。人間関係。職場環境。

なんとなくわかっていても、どれがあなたを最も苦しめているのか、あなたの視野を狭めているのか、きちんと理解できている人は多くはありません。

漠然とした不安が、あなたを日々苦しめているのです。

私たちが治療として行うカウンセリングの中で、特に有効だと個人的に感じているのが、

紙に書き出す行為です。

「筆記開示」と呼ばれるこの手法は1980年代にアメリカで生まれた心理療法です。

その方法はいたって簡単で「自分のネガティブな感情を書き出す」だけ。

書き出すことで自分の経験を客観的に見ることができ、そうすることで不安を乗り切る

というものです。

たとえば大きな迷路に挑戦しているときに、手当たり次第壁にぶち当たってゴールを目

指したとしても、ゴールまでの道のりは果てしなく遠く感じることでしょう。

しかし、ドローンを飛ばしてゴールまでの道筋が俯瞰で見えたとしたら、あなたはきっと

その迷路を簡単に乗り越えることができるはずです。

当たり前のことですよね。でも、書き出して自分の悩みを客観視することにはドローンと

同じくらいの効果があるのです。

chapter
\ 2 /
135   自分が好きな自分になる

この手法のメリットはふたつあります。

ひとつはネガティブな感情をすべて吐露できること。

友達に悩みを相談しようとすると、少なからず話を膨らませたり、不都合なことは言わなかったり、話す内容の取捨選択を自分でしてしまいますよね。これを防ぐことができます。

細大漏らさず紙に書き出せば、それがあなたの不安のすべてということです。

もうひとつのメリットは、紙に書き出す中で、気持ちが落ち着き冷静になり、不安の正体を客観的に見極めることができることです。

紙に書き出された悩みを自分で改めて眺めると、自分がこういうことを思って、こんなことに悩んでいたんだ、とわかります。

これまで「嫌だなあ」と思って蓋をしてきた感情が文字になることで、冷静に向き合うことができるのです。

SNSなどで鍵付き（非公開）にして書き出しても同じ効果があると考えられます。

SNSに書くメリットは、書き出した日時が記録されることです。

136

一年後にその「ネガティブ日記」を読み直したとしたら、自分がなぜこんな小さなことでクヨクヨしていたのかとあきれることでしょう。

そして、それを乗り越えたという実績はあなたの自信となって、あなたをもっと輝かせてくれるはずです。

紙に書き出す行為を続けることで、自分の感情を常に客観視できるようになります。

たとえトラブルや困難に直面したとしても、「この悩みもいつか笑って思い出すことができる」と、受け流すことができるのです。

summary

・悩みは書き出した瞬間から解決される

Mind reset >>> no.008

最短距離を選ばない

電車の乗り換え案内をスマホで検索できる便利な時代になりました。

出発駅と到着駅を入力すると、自動的にいくつかの経路が表示されます。一番上にはもっとも早い乗り換え方法が表示されています。

ここで質問です。あなたは、どのルートを選ぶでしょうか。一分でも早いほうを優先して、そちらを必ず選ぶでしょうか。

状況にもよりますが、私は人の乗り換えの多いターミナル駅を避けたルートを選んでしまいます（すごく急いでいる場合は別ですが）。

数分の誤差であったら、たとえ到着が遅くなったとしても、空いている駅の乗り換えを選

138

ぶでしょう。なぜならターミナル駅の乗り換えはストレスが多く、だったら時間がかかって

もスムーズな乗り換えがしたいからです。

このように、人間は合理性や利便性だけで行動を選択しないということがわかります。

これは機械的ではない、とても人間らしい行為だと思います。

しかし、人生になると遠回りを嫌がる人がいます。

きちんと計画を立て、思い通りにいかないとストレスを感じるのです。

予測がつかない未来を上手に楽しめていないのです。

遠回りは本当に悪いことでしょうか。

人生はよくマラソンにたとえられます。マラソンは42・195キロという長い距離を走り

ますので、最初は調子がよくても、そのまま最後までいけるとは限りません。

上り坂も、下り坂もあり、苦しい時間がやってきます。脇目もふらずひたすらゴールを

目指すのか、あるいは周囲の景色を楽しむのか。

chapter
\\ 2 /
自分が好きな自分になる

どうせならマラソンを楽しんで、沿道から応援してくれる人たちの笑顔に気づいたほうが、人生は幸せだと私は思うのです。

人生を山登りにたとえることもあります。

山登りはタイムを競い合うわけではありません。一目散に頂上を目指す人はあまりいないでしょう。

野に咲く花や、遠くに見える美しい景色、そしておいしい空気。それらを五感で味わうことが山登り、ひいては人生の醍醐味だと思うことができれば、心が楽になるとは思いませんか。

人生は寄り道が大事。

本を買うにしてもネットショッピングで欲しいものを効率よく買うのもいいのですが、たまには書店に足を運んで、興味のあるジャンル以外の本に触れることも、あなたの心を豊かにする上でとても大事なことです。

時間も余裕を持って行動しましょう。ギリギリの電車で通勤するよりも、20分前の電車

に乗ったら混雑を避けられる上に、会社近くのカフェでのんびりした時間を過ごすことができます。

通勤でクタクタになってギリギリに到着して仕事にとりかかるより、前者のほうが圧倒的に生産性が高いのは明らかでしょう。　時間の余裕は心の余裕に直結します。　時間を生み出す努力をしましょう。

summary

・回り道には発見があり、楽しめば心が楽になる

chapter
2
自分が好きな自分になる

Mind reset >>> No.009

極論しない

ダイエットのために始めた運動を毎日遂行できない、イコール失敗であると、極論してしまう。そして自分はなんてダメなんだと自己嫌悪に陥る。

これは二極思考や白黒思考と呼ばれる考え方で、白か黒か、0か1か、敵か味方かといった両極端な考えに陥りやすくなる傾向を指します。

二極思考の人は他人への評価が極端に変化することがあります。ある人に対して好意的な感情を抱いていたのに、少しでも自分の気に入らないことがあると、一気に敵視してしまう。

「自分は騙された」と被害者意識さえ持ってしまうのです。

他人なんて、自分の思った通りになるわけありませんよね。

それなのに相手を自分のもの差しで分類して、ふたつの入れものどちらかに入れてしまう。

漫画や漫画に出てくる登場人物を「いいやつ」「悪いやつ」と分けて認識することがありますが、実際の人間関係では、「いい人」「悪い人」で分類してしまうことは、健全ではありません。

世の中には、ふたつに分けられないことが山のようにあります。

悪いやつだけど、いいところもある、そんな場合のほうが多いのです。

心の余裕がないときは、白か黒かという考え方をしがちですが、それぞれ白黒の選択肢の間には、さまざまな中間の選択肢があるはずです。

ときと場合によって柔軟な考え方ができる人は「認知的成熟度」が高いと考えられてい

chapter
2
自分が好きな自分になる

143

ます。

これは、あいまいさに耐える能力です。「白」か「黒」以外にも「グレー」があることを認められる能力のことを指します。これは子供から大人に成長する過程で、自然に身につくものですが、そうでない人もいます。

常に100％を目指す必要はありません。

高い目標に挑むときは、50％でも達成できたら自分を褒めてあげてください。残りの50％は思いきってあきらめましょう。

最初から高い目標を作ったのなら、半分達成できたらそれでオッケーと、成功にゆとりを持たせれば、気分が楽になるでしょう。

ダイエットしたいなら、毎日は無理でも、週2回はお弁当を作って、週1回はジョギングする。

その結果をポジティブに評価すれば、その翌週以降も習慣化できるでしょうし、結果的にハッピーな結末が待っている気がします。

144

大切なのは、どちらかに極論しないこと。

人間だって完璧な人はいませんし、すべてがダメな人もいません。

人間はすべてがグレーゾーンだと思えば、たとえ失敗をしても気分が楽になるでしょう。

summary

・人生のあいまいさを楽しむ

(Mind reset) >>> №.010

やらない後悔より、やった後悔

アメリカの心理学者ジュリアン・ロッターは、何かが起こったときに自分のせい（実力）と考えるか、誰かや、何かのせいと考えるかでその人の人生が変わるという説を提示しました。

「内的統制型」の人は良いことが起きたときは「自分が頑張った」から、悪いことが起きたときは「自分の実力」であると考えるタイプです。

それに対して「外的統制型」の人は、良いことが起こったら「運が良かった」「簡単だったから」と判断し、悪いことが起こったら「運が悪かった」「あいつのせいだ」などと外的要因のせいにしてしまいます。

自分の人生は自分でコントロールするものであり、誰かにコントロールされるものではあ

146

りません。

「内的統制型」は、自分と他者の違いを認識しているので、自分と他者を比べたりはしません。他者の長所を認めることができます。

自己肯定感が強く、好感も持たれやすくなります。

しかし、「外的統制型」は失敗の原因を自分にはコントロールできないものに求めてしまうため、周囲の影響を受けやすく、他者の行動を気にしがちです。自己肯定感も低くなります。

何か新しいことに踏み切ろうと思ったのに、さまざまな要因から結局ストップがかかって行動に移せなかった。そんな悩みをよく聞きますが、その原因があなた自身であったことはありませんか。

新しい自分になりたいと思ったとき、あなたの頭によぎったいくつもの言い訳。

「やはり自分には無理だ」

chapter
2
自分が好きな自分になる

147

そう思った時点であなたの体は萎縮して、失敗ばかりをイメージするようになります。

「やはりやめておこう」

そう結論するまで、時間はかからないでしょう。

このように自分が行動を起こせないときは、「すべての言い訳に対して全力で反論」する

ことが、**解決策として有効です。**

では、何かを始めるときに、「まだ自分には早い」と思って二の足を踏みそうになったら

どうすべきでしょう。

「確かにまだ早い。準備もできていない。だったら具体的にこれをすべきだ」と自分の中で

反論して、思考回路を前向きに切り替えるのです。

「やらない後悔より、やった後悔」とよく言いますが、人間の後悔の75％は「やらなかった

ことに対する後悔」であるというデータもあります。

僕自身も迷ったらすぐに行動に移すタイプですが、それを後悔することはほとんどあり

ません。

髪の毛だって、伸ばしたり切ったりとコロコロ髪型が変わりますが、美容室で切った直後は「あまり似合わないかな」「失敗したかな」と思っても、数日すれば新しい髪型に慣れて愛着も湧くものです。

どんな挑戦も髪を切る程度の挑戦だと思ってしまえばいいんです。

言い訳しがちでみっともない自分を捨てれば、もっと自分のことを好きになれるでしょう。

summary

・浮かんだ言い訳を、全力で否定する

chapter 2
自分が好きな自分になる

149

Mind reset >>> NO.011

人生はなんとかなると知る

「人生はなんとかなるさ」

親がそう言ってあげると、子供は勉強にも興味のあることにもなんでも夢中になれるそうです。そうやって育った子供たちは、好きなことに力を注いで人生を楽しく切り開いていくのです。

首尾一貫感覚（sense of coherence：SOC）とは、イスラエルの健康社会学者のアーロン・アントノフスキーによって提唱された、ストレスに柔軟に対応できる能力を指します。

SOCはストレスへの対応に重要な役割をします。

150

SOCは3つの感覚が揃うことで成り立ちます。

① 自分の置かれている状況を予測・理解できる
「把握可能感」（comprehensibility）

② 何とかやっていけるという
「処理可能感」（manageability）

③ 日々の営みにやりがいや生きがいが感じられる
「有意味感」（meaningfulness）

首尾一貫感覚を構成する3つの感覚は、お互いを補完し合うようにつながっています。上記3つの能力があれば日々のストレスを乗り切れますし、想定外のことが起こっても、それらすべてに意味があると思えば、どんな困難が訪れてもまた乗り越えることができます。

「まぁなんとかなるだろう」と自信を持って前向きに状況に取り組んでいける性格傾向の

ことですね。

SOCが強い人ほどストレス耐性があり、健康も維持されやすいというデータがあります。ストレスのない生活をするためにそれぞれの項目を伸ばすことが大事です。

いろんな場面を想定しておき、その困難に直面したら処理できるだけの能力を身につけ、どんなことが起こっても人生に価値のあるものだと思えればストレスなくハッピーに生きられるからです。

特に「処理可能感」は自身の能力を上げることで高まります。スキルを磨けば、場面を切り抜けるスピードも上がり選択肢も増えますし、自信にもつながります。

現状に不満を感じて文句を言うよりも、なぜその現状に陥ったのかを把握し、ゆる〜くポジティブに自分自身をスキルアップさせる。

そして、前向きな気持ちになったことに感謝をする。それこそ、自分が好きな自分にな

るために大事なことなのです。
どれだけ悩んだって真面目に生きていれば最後はどうにかなると信じましょう。
人生はなんとかなるのです。

（summary）

・ゆるポジティブで前向きに生きる

Mind reset >>> no.012

感謝して生きる

「のど元過ぎれば熱さを忘れる」ということわざがあるように、人間は苦しい目にあっても

すぐにその痛みやつらさを忘れます。

それは忘れないと生きていけないという人間の素晴らしい能力でもあります。

忘れないと、私たちの脳はどんどん情報がたまってしまいます。捨てられない雑誌がどん

どんたまっていくのと同じことで、適切に捨てなければいつか容量がオーバーしてパンクし

てしまうでしょう。

雑誌は捨てたとしても、自分にとって大事なことは頭に入っているでしょうし、とるに足

154

らない些末なことは記憶から消えていきます。

当たり前にあることも、どんどん意識から消えていきます。

たとえば地球には空気があって生物は呼吸ができているわけですが、空気の存在を常に意識している人はいないでしょう。

蛇口をひねれば水が出てきますが、それは当たり前のことではありません。もしあなたがサハラ砂漠などの水が貴重な世界に生きているとしたらそのありがたみがきっとわかるでしょう。

「恩を仇で返す」という言葉があるくらい、感謝という気持ちを人は忘れがちなのです。

今私たちが生きていること、仕事があって暮らしが成り立っていること、親が元気なこと、あなたが健康で生活できていること、戦争がない平和な時代を生きていること。

数え上げればキリがありません。人間はどんどん感謝を忘れてしまうのです。

chapter
\ 2 /
自分が好きな自分になる

感謝の気持ちを知ることは、人生を楽しく生きる秘訣でもあります。

まずは目の前にいる人に感謝をすることから始めましょう。

苦手な上司に感謝するとしたら、どんなことでしょう。

仕事を手取り足取り教えてくれてありがとう。自分の至らなさを気づかせてくれてありがとう。

嫌いな同僚に感謝するとしたらなんでしょう。

自分の嫌なところを気づかせてくれてありがとう。職場での円滑なコミュニケーションの大切さを教えてくれてありがとう。

親に感謝するとしたら、産んでくれてありがとう。学校に行かせてくれてありがとう。元気でいてくれてありがとう。などなど。

感謝はすぐに伝えたほうがいいですが、実際に行動に移すのは難しいですよね。

そんなときは、心の中で唱える、あるいは紙に書き出すことはいかがでしょう。

感謝の気持ちを持ち続けると、まずあなた自身が変わります。笑顔が多くなって、毎日

を楽しく過ごすことができます。

次に、あなたの周りの世界が変わります。いきいきと内面から輝き出したあなたを見て、周囲の人はあなたを好意的に評価するようになるでしょう。

感謝の気持ちは、あなたとあなたの周りの世界を変える力を持っているのです。

summary

・感謝の気持ちは紙に書くか、「ありがとう」と口ずさむ

chapter
2
自分が好きな自分になる

Mind reset >>> No.013

傾聴する
（けいちょう）

人の話を真剣に聞くことは何よりも大事なことです。私たちの仕事でも傾聴は重要視されています。

とはいえ、人の話を聞けない人は一定層存在します。なぜ聞けないのでしょう。

それは尊敬して興味を持った相手以外の話は聞きたくないという、心の中の優越感・マウンティングからくるものが多くを占めます。

では、あの人は尊敬できる、面白い人であるという判断はどこから来たのでしょうか。

おそらく、それはあなた自身のもの差しによる判断ではないでしょうか。

あなたは自分で相手を選別して話を聞くか聞かないかを判断しているのです。

他人から自分がどう評価されているかを気にする人は、他人の意見に素直に耳を傾けられないことがあります。

話を聞かずに理解した気になって相手の気持ちをふみにじってしまう。

仕事の手順をきちんと聞かずわかった気になってミスを犯してしまう。

このような状態が続くと、コミュニケーションが取れないと判断されて、仕事面などではマイナスの評価を得ることになるでしょう。

同時にコミュニケーションを取れない経験があなたをさいなみ、その結果、あなた自身の自己評価を下げる結果にもなります。

相手の話をきちんと聞くのはとても大切なことです。

人の話を聞くにはどうしたらいいか。

それは相手に興味を持つことです。

chapter
\ 2 /
159   自分が好きな自分になる

何かの会合やパーティーで隣り合った人と、思ったよりも話が弾んで仲良くなった経験がありませんか。

最初は互いにまったく興味を持っておらず、世間話などに終始していたものの、だんだんと興味のある話題が出てきたり、共通の知り合いがいることがわかって、どんどん話が弾んでいくパターンです。

最初に興味を持てないまま会話をシャットアウトしたら、その人について詳しく知ることもなかったでしょう。

「なんだか苦手だな」「感じ悪いな」「話し方が嫌いだ」などと、苦手な気持ちを抱いたまま過ごしていたら、相手の話はあなたの耳に入ってきません。

この人から面白いネタを聞きだしてやろう、それくらいの意気込みで臨んでもいいかもしれません。

相手に興味を持つこと。

そうすればあなたは「自分の話を聞いてくれる人」だと認識されます。つまり興味を持っ

160

てくれていると理解されます。

それはあなたへの興味にもつながるのです。

> summary

・相手に興味を持ち、共感して話を聞く

chapter
2
自分が好きな自分になる

Mind reset >>> no.014

目標を低く設定する

人生の目標を掲げるとしたらなんでしょう。

会社を興す。社長になる。旅をして本を出版する。幸せな結婚をする。あなたは夢をかなえるためにさまざまな努力をしていることでしょう。

しかし、あなたのその崇高な目標が、あなた自身を苦しめているとしたらどうでしょうか。

目標を立てることは大切です。

なぜなら遠くに見える山に向かって、一直線に歩くことができるからです。その目印がな

かったらあなたは森の中をあてもなく歩き続けて、途方に暮れたまま一生を終えることになるでしょう。

ただ、その目標の設定が適切かどうかを自分に質問してください。

何かを成し遂げようと思ったとき、高い目標を立てなくてはいけないような気がしていませんか。しかし、高すぎる目標を立てると、えてして挫折してしまうことが多いのです。

大切なことは、挑戦して、達成したときの満足感を味わうこと。

高すぎる目標は、努力したのに報われなかったという苦い経験をあなたに残し、目標への挑戦に臆病にしてしまう可能性があるからです。

ダイエットを例にするならば、春先に夏までに10キロ痩せるという目標を立てたとします。最初はそれが簡単に達成できる気がしたのに、やがて6月が過ぎて7月になりだんだ

ん焦りだし、最後はもう無理だと投げ出す。それの繰り返しだったりしませんか。

まずは、誰にでもできる簡単な目標を立てて、それをクリアしていくことから始めましょう。

課題をクリアして、成長している自分をイメージし続けるのです。

４ヵ月で４キロなら１ヵ月１キロ。１日だったらおよそ33グラム痩せると考えたらどうでしょう。

突然クリアできそうな気がしませんか。

朝の体重がもし増えていればその日のうちに食事を控えたりするなどして、帳尻を合わせればいいのです。

大切なのは継続性。そして自分は続けられるという自信を持つこと。絶対にできることをクリアし続けて自信を持ち続けること。

長い目標と同時に、短いスパンでも目安を作ってひとつひとつクリアしていきましょう。

(summary)

・低めの目標をクリアして、自分を肯定する

chapter
＼ 2 ／
自分が好きな自分になる

Mind reset >>> No.015

お金と向き合う

生きていく上でお金の話は避けて通れません。生活するのにはもちろんお金がかかるからです。

ただ、お金の話を避ける人が多いことが、私は気になります。生きがい、やりがい、それ
ばかりにとらわれて、やりがい搾取とも言える状況に陥っている人さえいます。

日本では長らくお金の話をすることがタブーでした。最近では、根源的にお金についてを
考える書籍が売れていると聞きますが、やはり口に出しづらい世の中だとは思います。

お金がなぜタブーになったのか。それは誰もが等しく持っているもの差しだからではない
でしょうか。

166

お金の話は生々しいイメージがあります。

あの人の年収はいくらだから、おそらくこんな生活をしているに違いない、などと自分と比較しやすいからでしょう。

お金を稼がなくては生きていけません。お金がもっと欲しいと思っても、どうしたらいいかなかなかわからないですし、稼ぎ方の正解を知っている人もいません。

最低限いくら稼げば生活できるかを知らない人が多いそうです。

ある不動産会社のホームページによれば、家賃4万円、食費3万円程度とかなり切り詰めた生活をすれば東京でも200万円あれば生活できるそうです。

大卒初任給の平均は200万円～300万円程度なので、贅沢さえしなければひとり暮らしできることがわかります。

あなたの生活をもっと充実したものにするためにはお金が必要です。

chapter
\ 2 /
自分が好きな自分になる

167

海外で英語が勉強したい、資格を取りたい。

あなたがお金を必要だと思ったら、それを隠すことはありません。なぜなら、お金を愛する人の元にお金は寄ってくるからです。

「私にはお金が必要です。なぜなら親の面倒を見ながら、資格を取りたいからです」と公言してしまえば、あなたは他人の目を気にすることなく、節約や貯金の話をすることができるでしょう。

緊急性の低い仕事の飲み会に誘われることも少なくなるでしょうし、お弁当などでランチ代を節約しても恥ずかしいという思いをせずに済みます。

私が医師として大事にしているのは患者さんと向き合うことです。患者さんと対話をする中で、みんながあまりにお金の話を避けているのが気になっていました。

外聞を気にする人ほどお金の話を避ける傾向があると感じます。

168

「お金を大事にして何が悪い」と私は声を大にして言いたいと思います。

もっとポップにお金の話をしてもいいのではないでしょうか。お金の話を忌み嫌う人の元にお金はやってこないでしょう。

世界中の企業がこれだけお金儲けに執心して、人々の歓心を買う商品を宣伝しているのに、それらに興味を持たないほうが不自然だと思うのです。

お金のことときちんと向き合うのは、あなたの人生を見つめ直すことにもつながります。

あなたが考える人生プランにどれだけお金が必要なのか見直すことから始めましょう。

（summary）

・お金と向き合って、人生を見つめ直す

---

chapter
\ 2 /
自分が好きな自分になる

（Mind reset）>>> no.016

ひとりぼっちを恐れない

漫画家やテレビタレントとしておなじみの蛭子能収さんが書いた『ひとりぼっちを笑うな』

という本にこんな一節があります。

〈「友だちだから断れる」ならわかるけれど、「友だちだから断れない」というのは、僕には
理解できません。冷酷な人間なのではなくって、もし、誘いを断れないような存在を「友
だち」と呼ぶのなら、僕は「友だち」なんていらないという考えです。〉

もともと蛭子さんは協調性がなく、集団行動が苦手だそうです。大勢でごはんを食べて

いると、すぐに帰りたくなってしまうんだとか。

会社の飲み会で大勢がいる中で、解散してひとりになると確かにホッとしますよね。だからといって、常にひとりで行動することを恐れるのはなぜでしょう。

大勢の中にいるとたしかに安心できるという面はあります。ひとりで活動するよりも、大勢でいたほうが、困ったときに助けてくれる気がするのでしょう。

でも、自分のペースで行動できませんし、いつも誰かに気を使う必要があります。冷静に考えたらちょっと面倒ですよね。

ひとりでいることを極端に恐れる人がいます。

理由を聞くと、友達がいない寂しい人なんじゃないかと思われることが怖いんだそうです。

それは誰の声なのでしょう？ もしかしたら自分の中の価値観が作り出した幻ではありませんか。

女性に多いのが「ひとりで外食するのが苦手」という人です。「ひとりごはんは大丈夫だ

けど、ラーメン店だけは行けない」という人もたくさんいます。

なぜかと理由を聞くと「恥ずかしいから」という答えがもれなく返ってきます。

寂しい人だと思われることが耐えられない人のなんと多いことでしょう。

でも、寂しいと思われることの何がいけないのでしょう。そもそも、ひとりでいると寂し

いだなんて、誰が決めたのでしょう。

私は大学時代は常にひとりでした。部活動の仲間はいましたが、誰かと団体行動をする

ことを苦痛だと感じることもありました。

ひとりで食べるラーメンは、友達の食べるペースを気にしなくてもいいですし、匂いを気

にせず餃子も頼めます。もしかすると、いつもよりおいしく感じるかもしれませんね。

ディズニーランドにはひとりで来園する女性がたくさんいます。彼女たちはディズニーの

世界観が好きだからひとりだって行くわけです。何かを愛する気持ちがあれば、人の目な

んて気にならないことがよくわかります。

172

ひとりぼっちを恐れない。だって、ひとりぼっちは寂しくないですから。

まずはその価値観を手に入れることから始めましょう。

summary

・ひとりの時間を大事にする

chapter
2
自分が好きな自分になる

(Mind reset) >>> No.017

心地よいことを求める

人間はみな幸せになりたいと考えていますが、そのためには、つらい努力が必要だと考える人も多いようです。

でも私はもっと心地よさを優先していいと思うんです。

ダイエットのためにジョギングと筋トレをしたあとは、体が疲れています。ただ、その状態を私たちは「心地よい疲労」と表現をすることがあります。

一方で、仕事の謝罪行脚で一日中走り回ったあとの疲労は、運動のあとの疲れとはまったく質が違うものでしょう。寝ても疲れが取れないこともあるかもしれません。

174

その理由は疲労する過程に、心地よさがあるか、ないかという違いがあるからです。

ハードな運動の翌日は筋肉がパンパンで歩くのもつらい状況になることもあります。

しかし、当の本人はそれを苦痛だけど幸せだと思っていることでしょう。筋トレが健康や肉体の変化につながっているという実感があるから我慢できるわけです。

体を動かしたくない人に、いきなり10キロを走らせるのはただの拷問でしょう。

しかし、フルマラソンという目標がある人にとって、その10キロは必要なステップですし、通るべき関門のひとつです。だからその10キロはきっと拷問ではないでしょうし、走り終わったあとは心地よいと感じることでしょう（走っている最中はきっと苦痛でしょうし、人によって感じ方が違うので一概には言えないかもしれませんが）。

人生を楽しく過ごすためには心地よさを求めることが大事です。

心地良いの真逆は「つらい」です。

chapter
\\ 2 /
自分が好きな自分になる

「つらい」は、いろいろな状況を指します。たとえば、出世するためにはつらいことがたくさん待っています。

残業が終わって夜遅くに家に帰ってから眠い目をこすり資格試験の勉強をすること。

付き合いたくもない上司の酒に何軒も付き合うこと。

このふたつのつらさは決定的に違います。

それは、終わったあとのあなたの心地よさがまったく異なるからです。

「つらくて不快」であるなら、それは努力の方向が間違っているのでしょう。付き合いたくない酒に付き合って疲弊することの無意味さを感じているのでしょう。

偉くなりたい、お金持ちになりたい、素敵な相手と結婚したい。

それらの欲を否定する必要はありません。なぜなら、その欲を否定するだけの合理的な理由がないからです。

私だってお金持ちになりたいし、女性にモテたいと思っています。

だったら、その欲に向かって邁進するべきなのです。

ただ、その目標のためにどんな努力をするか、それをきちんと見極めなくてはいけません。

人生の目標を立てたら、心地よい努力を続けることが大事なのです。

(summary)

・自分にとっての心地よさを追求する

chapter
2
自分が好きな自分になる

(Mind reset) >>> No.018

朝一番で自分を褒める

あなたは自分の顔が好きですか?

私は自分の顔は特別に好きなわけではありませんが、「好き」だと言ってくれる異性がいたり、よく見ると男前だった祖父に似ているところがあったりと、そんなに悪いほうではないかなとも思っています。

自分の顔を好きになれるかどうかであなたの幸せが決まるとしたらあなたはどう思いますか?

自分の顔を鏡で見て、「あー」とため息をつくか、「そんなに悪くない」と思えるか。一日

178

の始まり方で、その日一日の過ごし方が変わります。

自分への評価が低いと、それに引っ張られるように、何もかもネガティブな方向に考えてしまう危険があります。自分の顔を見ると、「ああ嫌だなあ」と思ってしまうのです。

人間が他人を評価するときに、苦手な人や、嫌いな人を見るときは、ネガティブな見方から入る傾向にあります。その一方で、好きな人を評価するときには、好意的な気持ちから入ります。

好きなアイドルが踊りを失敗しても、まったく気にならないのに、嫌いなタレントが歌を失敗すると、だからダメなんだと、嫌いの後押しをするのと同じですね。

自分のことを鏡で見たときに、自分をあまり好きでない日は、「肌の調子が悪いな」「顔色が悪いな」「鼻が低いな」などと欠点ばかりが目につくはずです。

しかし、自分への肯定感が強い日は、昨日と同じ顔が鏡の中にあるにもかかわらず、「髪の毛のセットがうまくいったな」「肌の血色がいいな」「顔の作りは意外と悪くないな」などと、

chapter
\ 2 /
自分が好きな自分になる

どこか救いのある見方ができるはずなのです。

自分の評価なんて、あなたの心持ち次第ということですよね。

明日も明後日もこの顔は変わらないのだとしたら、今すぐ自分の視座を肯定的にしたほうが、あなたはきっと内面から魅力的になっていくのではないでしょうか。

まずは鏡の中の自分を褒めること。

「いけてる」「かわいい」「モテそう」

など、ありとあらゆる褒め言葉を投げかけましょう。

ポジティブな言葉を自分に投げかけると、不思議なくらい自分の心も明るくなっていくことがわかります。自分の顔がどんどん好きになって、内面から自信が溢れてくることでしょう。

「ダメだ」「自分なんか」などのネガティブワードは厳禁です。「言霊」という言葉があり

180

まずが、言葉に引っ張られて、あなたの内面もきっとどんどん錆びついていくからです。

ゆる〜くポジティブな言葉であなたの自信を引き出して、今日も素敵な1日を過ごしましょう。

(summary)

・ポジティブワードで毎日を明るく過ごす

chapter
\ 2 /
自分が好きな自分になる

(Mind reset) >>> NO.019

自分のなりたい方向を目指す

どんな人生を送るか。

人生は自分の思った通りにいきませんが、自分のなりたい自分になる努力をすることはできます。

アメリカの心理学者レオン・フェスティンガーが提唱した「認知的不協和」という負け惜しみの原理があります。

ダイエットが失敗したら「男の人は少しぽっちゃりが好きだから」、好きな人に相手にさ

れなかったら「あんな人はきっと遊んでる悪い人に違いない」などと自分に言い訳をし、現実から逃避する現象のことです。身に覚えのある方も多いのではないでしょうか。

人間は常に言い訳をする準備ができています。

なぜなら、人間は未来を思い描くことが苦手だからです。

華やかな未来、素晴らしい未来、など漠然としたイメージを持つことは可能ですが、具体的にどうしたらいいかまで思いを巡らせることができません。

その結果、途中でつまずいて、中途半端な言い訳をするのです。

成功するにはどうしたらいいのか。

まずは頭の中に未来予想図を描いてください。どんな自分になりたいかを。

1年後はどんな自分でいたいか。

chapter
\ 2 /
自分が好きな自分になる

5年後どんな自分でいたいか。

30年後はどんな自分でいたいか。

そのために、どんな道順をたどればいいか、明確にするのです。

自分に何ができるかも大事ですが、何ができないかを見極めることも大事でしょう。

劣等感とは自分をきちんと見つめているからこそ出てくる感情で、「どうせ自分はダメだから」などと目をそらさず、きちんと向き合って直視することが大事なのです。

1年後にどうなりたいか。ではそのためにどうするか。さらに5年後に向けて何をすべきか。そして30年後の自分はどうなっていたいのか。

30年先まで思いをはせると、自分の未来があまりに不確かなことに気づくでしょう。どうなるかなんてまったくわからないのです。

ということは、自分の思う自分になれるチャンスがいくらでも転がっているということで

もあります。
なりたい自分になる。
そのチャンスは今この瞬間から始まっているのです。

summary

・「何ができないか」を見極めて未来を見据える

chapter
2
自分が好きな自分になる

(Mind reset) >>> No.020

運を呼び込む

運が良い人と悪い人がいます。

運が良い人とは、自分は運が良いと思っている人のことです。

運が悪い人は、たいてい自分のことを運が悪いと思っています。

私は自分のことを運が良い人間だと思っています。現役で医大に合格することができまし

たし、留年することなく医師になり、こんなふうに本を出す機会にも恵まれました。

その一方で、いやいやお前なんか心臓に重大な疾患を持った不運な人間だ、と考える人も

いるでしょう。

では私は幸運なのでしょうか、それとも不運なのでしょうか。その答えは私自身の中にあります。

私は幸運な人間です。

なぜなら、「自分は運が良い」と思うことができるからです。

運の悪い人というのは、不運や災厄を引きつける人です。

運が良い人は周囲の人間も幸せにできる人です。

社会的に成功した人は運が良い人でしょう。

成功した人は、周囲への感謝を欠かしません。いい財布を身につけたり、神社へのお参りを欠かさないなどの験担ぎもしています。それは自分の成功の陰には、努力だけではない、見えざる幸運があったと信じているからです。

chapter
2
自分が好きな自分になる

幸運を呼び込むには運が必要です。運気を呼び込むには明るい空気が必要です。

成功したいと思うのなら、まずは自己批判しすぎる性格をなおしましょう。

たとえば、することなすこと批判したくなるような人がいたとします。しかし、いくら腹が立つからといって、その人の後ろをついてまわって、四六時中その人を批判することはしないでしょう。

しかし、いざ自分のこととなると、24時間、極端な話、寝ている時間でさえ、自分に対する批判を繰り広げてしまいます。そんなネガティブな状況になったら、気持ちもふさぎこむでしょうし、運気も下がるに違いありません。

まずは、自分のいいところを探しましょう。

幸運な人は、幸運を見つける能力にも長けています。

幸運な人は、他の人よりも幸運を多く感じることができるのです。

自分が見ている自分はあくまで一面的であり、他人はまた違う角度からあなたを見てい

ます。いろんな角度から自分を見つめ直すことが大事なのです。

幸運を呼び込むのはあなた自身なのです。

あなたが自分のいいところをたくさん見つけられたら、同じ数だけの幸運があなたのもとにやってくるでしょう。人生はきっとうまくいきます。

summary

・自分のいいところを探して幸運を呼び込む

chapter
\ 2 /
自分が好きな自分になる

おわりに

あきらめる。

この言葉への印象が少しは変わったでしょうか。逃げではなく勇気ある撤退。ときには
そういったあきらめが必要なのです。

そもそも撤退といいますが、そちらが後ろと決めたのは誰でしょうか? それすらまた自
身の思い込みや誰か他の人の基準ですよね。自分が後ろを向いてしまえばそちらが前です。

独我論という考え方があります。自分以外の存在や認識は信用できない、もしかしたら
自分以外の人間は感情のないプログラムかもしれないという説です。だとしたらその人たち
との人間関係に頭を悩ませるなんてこんな無駄なことはないですよね。

屁理屈に聞こえるかもしれませんが、屁理屈でいいんです。理屈なんて誰の基準かわから
ないものより自分に都合の良い屁理屈を採用しましょう。

190

この本に書いてあることのすべてを実行してほしいとは思っていません。あなたが楽になれるならひとつやふたつだけでも良いのです。適当にやれることからやってみること、それが私が思うゆるポジの第一歩です。

明日世界が滅びるとしても私はリンゴの木を植え続ける。

私が好きな言葉の一つです。

世界が滅びることはどうしようもない、そうあきらめた上で、今その木を植える行為に意味を見出すのです。

私は人より早く死ぬかもしれませんが、障害を持って生まれたおかげで医師になれました、今の考え方を獲得して、こうして本を出版するまで至りました。私の死後もこの本がリンゴの木となり少しでも人の役に立つのであれば、今回この本を出す意味があるのではないかと思います。

どうせ100年後には嫌でもみんな灰になります。その間に何か一本、自分なりのリンゴの木を植えられれば十分じゃないですか。だからそんなに生き急がないでください。

ゆるゆるやりましょう。

藤野智哉

藤野智哉 (ふじの ともや)

1991年7月8日生まれ。3歳、4歳、5歳のときに川崎病にかかり、4歳のときの川崎病の後遺症で冠動脈障害が残る。学生時代から激しい運動を制限されるなか、医者の道を志す。秋田大学医学部卒業。現在は上林記念病院精神心療科勤務。『マツコ会議』（日本テレビ）、『バイキング』（フジテレビ）などに出演し話題に。日本精神神経学会所属。

あきらめると、うまくいく

現役精神科医が
頑張りすぎるあなたに伝えたい
最高のマインドリセット

著者　藤野智哉
2019年11月15日 初版発行
2021年4月10日 2版発行

装丁	森田直／積田野麦（FROG KING STUDIO）
構成	キンマサタカ（パンダ舎）
校正	東京出版サービスセンター
協力	株式会社プログレス
編集	小島一平・中野賢也（ワニブックス）

発行者	横内正昭
編集人	岩尾雅彦
発行所	株式会社ワニブックス
	〒150-8482
	東京都渋谷区恵比寿4-4-9えびす大黒ビル
	電話　03-5449-2711（代表）　03-5449-2716（編集部）
	ワニブックスHP　http://www.wani.co.jp/
	WANI BOOKOUT　http://www.wanibookout.com/

印刷所	株式会社 光邦
DTP	有限会社 Sun Creative
製本所	ナショナル製本

定価はカバーに表示してあります。
落丁本・乱丁本は小社管理部宛にお送りください。送料は小社負担にてお取替えいたします。ただし、古書店等で購入したものに関してはお取替えできません。
本書の一部、または全部を無断で複写・複製・転載・公衆送信することは法律で認められた範囲を除いて禁じられています。

© 藤野智哉2019　ISBN 978-4-8470-9854-3